あの営業マンが選ばれる「本当の理由」

お客様にとって
唯一無二の存在になる時、
お客様と営業マンの間に
何が起きているのか

一戸 敏

日本実業出版社

はじめに

「生まれつき営業の才能がない人はいない」

これは私の信条です。「売れる営業マン」が天才的なセンスや強運の持ち主なのかというと、そんなことはありません。

私は、現在では経営者としていくつかの会社を経営していますが、28歳で経験ゼロから保険代理店業で起業したころは、一介の、そんなに成績がよくない営業マンでした。

「ふつうの人」だった私が、わずか1年で大手損保会社のコンベンション表彰制度に入賞し、その後、史上最年少、最速でスーパーエクセレント代理店に到達。生命保険も取り扱い、生保と損保の両方においてトップクラスの成績を上げていったことで、「生保・損保二冠王」といわれるようにもなりました。生命保険販売募集人の世界統一基準であるMDRTの成績資格終身会員の称号を、現在19年連続で取得更新しています。

そうなれたのは、私が天才だったからでも強運の持ち主だったからでもありません。お客様の課題を解決するべく、適切な努力と工夫を重ねてきたからです。誰だってトップ営業マンになれるという事実を、多くの悩める営業マンの方々に知っていただきたい。

そのための実践的で具体的なヒントをお伝えしたい。そう思って筆を執りました。もう1つ、この本でお伝えしたいことがあります。営業という仕事は社会貢献度の高い、すばらしい仕事だということです。

私は経営者として、会社経営において営業部門だけではなく、管理部門、間接部門が大切なことは重々理解していますし、私が経営する会社のすべてにおいて、これらの部門を充実させることを常に考えています。しかし、どれほど管理部門が充実し、そこに優秀な人間がいたとしても、会社というのは売上を上げて利益を出して、未来への投資をすることができなければ、残念ながら遅かれ早かれ朽ち果ててなくなってしまいます。私自身、創業から7年ほど、私が営業をして数字を上げ、利益を出さなくては会社が継続できないという時期を経験しました。そんな経験をしてきて強く思います。

会社には売上を上げる人、そう、「営業をする人」が絶対に必要なのです。「営業をする人」、つまり「売上を上げるべき人」「売上が上がる仕組みを考えるべき人」に、相応のマインドとノウハウ、経験値がないと会社は倒産することになります。

営業という仕事は、このように会社の存続を担うたいへん重要な仕事です。そしてすでに述べた通り、「お客様の課題を解決する」すばらしい仕事です。2つの意味で、崇高でやりがいのある仕事なのです。胸を張り矜持をもって、営業という仕事に励んでいただきたい――。そんな思いもあって、この本を書くことを決めました。

世の中にはいわゆる「営業本」が溢れかえっていて、少々スランプに陥るとそのような本を書店で漁るという経験は、多くの営業マンがしていると思います。私も100冊以上、その手の本を読んできて、学んだことも実践できたこともたくさんありました。

しかしながら、私の実感として、本当に「営業のプロ」を志す人を支援する本はあまり見当たらないように思えます。学者や研究者、コンサルタントの方が書いた科学的な営業手法を紹介する本も役には立つでしょうし、それらの本に学ぶことは重要です。

でも、日々の営業現場は、ただただ実践的です。毎日の営業活動のなかで自分の行動や実績につながればと、営業の世界で天才といわれるような先人の本を手に取ると、読後1週間くらいは心が高揚し、行動にも変化が出るのですが、属人性が強くて真似をすることが難しく、結局、あまり役に立たない。そんな経験はよくしてきました。

この本に書いたことは、誰でも実践できることばかりです。PART1ではおもにお客様の信頼を得るためにどのように行動するか、PART2では自分のスキルを向上させるために、日々どのように努力すべきかについて記しました。巻末には「選ばれる営業マン」になるために大切だと私が考える行動や思考をまとめたシートを付しました。

営業のプロが要求されること、お客様から選ばれる営業マンになるために必要なスキルは多岐にわたります。商品知識、周辺知識、業界動向、社内外のネットワーキング、マーケティング……。数えあげればキリがないくらい必要とされるスキルがあるなかで、この本では、営業マンにとって一番大切であると私が考えている、自分自身の「心と思考と行動のマネジメント」をどう行なうのかについて、多く触れています。つきつめていえば、「当たり前のことを当たり前にやる」「自己管理力を上げる」「人間として素直に生きる」ことです。それさえできれば、誰でもトップ営業マンになれます。

営業マンは、営業マンである前に「1人の人」である。

私の持論です。人としてきちんとしていなければ、営業マンとして成果を上げられるわけがない。当たり前の話かもしれませんが、当たり前のことを当たり前にできるようになるヒントをみなさんに示すのがこの本です。1人の人として、自分自身の「心と思考と行動のマネジメント」を実践していただき、1人の人として、営業マンとして活躍される「人財」が増えていくことを期待してやみません。

2019年10月

一戸 敏

PART 1

選ばれる営業マンが大切にしていること

PART 2

勝ち続ける営業マンが大切にしていること

編集協力
株式会社エージェントホールディングス
ブックデザイン
萩原 睦（志岐デザイン事務所）
DTP
一企画

PART 1

選ばれる営業マンが大切にしていること

同じ値段なら誰から買うかを考える

もし、いまでも一営業マンだったら……。

起業して20年以上が経ちますが、いまだにふとそんな想像をしてみることがあります。

「楽しいだろうなあ」というのが、正直な感想です。

もちろん、経営者には営業マンとは違う次元の喜びがあって、やりがいも大きく、何より300名を超える仲間たちとともに会社の成長をめざして働く日々には、一介の営業マンだったころには味わえなかったレベルの醍醐味があります。

それでも、私がかつて経験した（もちろん、いまも直接、おつきあいさせていただいているお客様はいます）営業マンとしての楽しさを思い出すのは、いままさにお客様のお役に立っているという、あのゾクゾクするような実感が忘れられないからかもしれません。世の中に、それこそ掃いて捨てるほどいる営業マンのなかで、他の誰でもない私を信じて、頼りにしてくれているという充実感。それは、まさに「選ばれる」喜びといえます。

言うまでもなく、お客様にとって大事なのは商品やサービスを得ることによる満足感です。そのためにお金を払っているわけで、それが得られるのなら、どの営業マンから買うかなんて関係ないはずです。まして、どの営業マンから買ってもたいして値段に差がないとしたら、どうでしょうか。よほど相手が嫌いなタイプでもないかぎり、自分が欲しいと思ったときに、たまたま欲しい商品やサービスを勧めてくれた営業マンから買えばいいだけの話です。

ところが、わざわざ自分という営業マンを選んでくれるお客様がいる。アプローチしてきた複数の営業マンのなかから、自分を選んでくれるお客様がいます。そうして「選ばれる」営業マンと、そうでない営業マンにはどんな違いがあるのでしょうか。

私は、保険の営業マンとしての道を歩み始めてまだ間もないころに、そうしたことを真剣に考える機会に恵まれました。「選ばれなかった」のです。それどころか、お客様に「二度と来るな!」と追い返されて塩まで撒かれたのですから、いま思い返しても強烈な拒絶に遭ったわけですが、それだけに自分がなぜ選ばれなかったのかを深刻に考えるきっかけになりました。

詳しい経緯については後述しますが、私が保険業界に飛び込んだのは、某保険会社の代理店を開業した28歳のときでした。業界の慣習も知らない素人でしたが、とにかくお客様を見つけてこないと何も始まりません。ほとんど見よう見まねで飛び込み営業をして、2軒目に小さな工務店を訪問したとき、その社長さんに塩を撒かれて追い払われたというわけです。

どういう理由があったにせよ、塩を撒かれるほど他人から忌み嫌われた経験は、このとき以外にありません。生まれて初めての屈辱的な経験に、私は二度と飛び込み営業などするものかと心に誓い、早く気持ちを切り替えてしまおうと思いました。

ところが、あまりに強烈な経験だったからでしょう。忘れてしまおうと思っても、頭からこびりついて離れません。たとえ突然の訪問が社長さんにとって迷惑だったとしても、保険の勧誘で訪問することが塩を撒かれるほど悪いこととは到底、思えなかったのです。納得しがたい気持ちを抑えきれなかった私は、数日後、その工務店を再訪しました。そして、まずは社長さんにきちんと謝って、なぜ塩を撒いたのか、その理由を尋ねました。

すると、社長さんは「逆の立場で考えてみなよ」と言いながら、私に保険のパンフレットを3通ほど差し出しました。

「あの日は、おまえで4件目だったんだよ」

パンフレットをよく見てみると、あろうことか、あの日、私が手渡そうとした保険会社の資料までありました。

「欲しいわけでもないものを1日に4回も勧められたら、誰だって腹が立つぜ」

社長さんの諭すような話しぶりに、恥ずかしながら、私は初めて自分のことしか考えていなかったことに思いいたりました。自分の売上しか頭にない営業マンを誰が選んでくれるでしょうか。

それ以来、私はお客様に迷惑や負担をかけかねないことは絶対にするまいと厳しく戒めるようになりました。そして、お客様から選ばれる営業マンになるにはどうすればいいか、ということばかり考えるようになったのです。

みなさんがお客様の立場なら、どんな営業マンを選びますか。

「自分の都合で動く営業マンを、お客様は決して選ばない」

選ばれる営業マンが守っている4つのもの

仮に、トップ営業マンと人並みな営業マン、業績の悪い営業マンが同じ時期にアプローチしてきたら、誰から買いたいと思いますか。

ほとんどの人は、トップ営業マンを選ぶでしょう。業績のよさは、お客様から選ばれている証拠だからです。逆に、それ以外の営業マンにはお客様から支持されない理由があるはずだと考えるのがふつうです。そうしてトップ営業マンにはますますお客様からの支持が集まり、パッとしない営業マンとの差はどんどん広がっていく。これが非情な現実です。

しかし、どんなに業績が悪くても、考え方と行動さえあらためれば、お客様に「選ばれる」営業マンに変わることができます。その秘訣をお話ししましょう。

そもそも、お客様に「選ばれる」営業マンとはどういう人なのでしょうか。答えは簡単で、それはお客様の役に立つ営業マンです。

「この人とつきあっていれば、きっといいことがあるはずだ」

お客様にそう思わせることができれば、選ばれる営業マンに必ずなれます。では、どうすればお客様から役立つ営業マンだと思ってもらえるのでしょうか。

仕事柄、私はよくお客様から「クルマ買いたいんだけど、いいところ知らない？」「家を新築したいんだけど、どこに頼めばいいと思う？」といった相談を受けました。なかには「離婚したいんだけど、いい弁護士さん知らないかな」という相談もありました。いずれも、お客様が「この人なら役に立つはずだ」と思ってくれたからでしょう。実際、私にはそうした期待に応えることができるだけの人脈や情報がありました。

「頼まれごとは試されごと」という言葉があります。他人から何かを頼まれるということは、自分が相手にとって役立つ人かどうかを試されている、ということでもあるのです。

そう考えると、お客様からの頼まれごとは営業マンにとってたいへん大きなチャンスといえます。そのとき、お客様の期待に応えることができれば、これ以上ないほど強固な信頼を獲得できるからです。私は、これまで頼まれごとには必ずお客様の期待を超える貢献をしようと努めてきました。

しかしながら、お客様は誰にでもそうしたチャンスを与えてくれるわけではありません。そもそも無理だと思う相手に、期待などしないでしょう。「この人なら」とお客様から見込まれて初めて、お客様は相談をもちかけるわけです。それは、いったいどういう営業マンなのでしょうか。

私は、以下に挙げる4つのことを誠実に守ることができる営業マンではないかと考えています。

第一は、「時間」です。

時間を守ることは、営業マンとして以前に、社会人として当然のことです。ですが、これまで約束の時間に一度も遅れたことがないと胸を張れる人は、どれだけいるでしょうか。

たとえば、電車の遅延でお客様との約束の時刻に10分遅れたとします。遅れることがわかった時点で連絡さえ入れていれば、ほとんどのお客様は「仕方がない」と大目に見てくれるでしょう。でも、内心、お客様は失望していると考えたほうがいい。1時間前に到着するよう行動していれば、遅れずにすんだからです。

「時間」については、後ほどあらためてお話ししますが、私はどれだけ忙しくても約束の20分前には必ず現地に到着するよう心がけています。

第二は、「他人との約束」です。

「当たり前じゃないか」と思われるかもしれませんが、完璧に守り続けてきた人はきわめて少ないと思います。

「こんど食事に行きましょう」

そんな社交辞令と受け取られかねない軽口も、やはり他人との約束と認識すべきだからです。そこまで潔癖である必要はないと考える人もいると思いますが、私は逆に小さな約束ほど重要だと考えます。相手が忘れてしまうような些細な約束ほど、それを実行したときの感激は大きいのです。

お客様と営業マンという関係にかぎらず、他人との信頼関係は約束と実行の積み重ねでしか醸成されません。それだけに、軽はずみな口約束も絶対にしないよう戒める必要があります。

第三は、「自分との約束」です。

あまりピンとこないかもしれませんが、要は「自分で決めたことをやりきる」ということで、お客様はそういう営業マンを信頼します。その営業マンは自分を律することのできる人間に違いない、と評価するからです。

たとえば、私はこの仕事を始めてから20年以上、毎朝6時半には出社して仕事をしています。そう言うと、たいていのお客様の私を見る目つきが変わります。私が自分に対して厳しい人間なのだと合点して、勝手に高評価を与えてくれるわけです。

「他人との約束」と違って、自分で決めたことが守れなくても困る人はいません。ならばどうだっていいじゃないか、と思われるかもしれませんが、私はむしろ誰にも迷惑をかけないからこそ、意地でも守るべきことだと思っています。おそらく、「自分との約束」を守れない営業マンはお客様の信頼を獲得できないだけでなく、飛び抜けた成果も残すことができないはずです。

そして、第四は「社会のルール」です。

法律はもちろん、われわれには良識ある国民として遵守すべきルールやマナーがあります。しかし、これについても100パーセント守り続けている人は、ほとんどいないでしょう。

近ごろはさすがにタバコのポイ捨てをする人も少なくなりましたが、それでもまだいます。クルマが来ないからと、赤信号の横断歩道を渡る人もいる。法律だけでなく、挨拶や身辺の整理整頓といったマナーまで含めると、たとえ故意ではなくても逸脱してしまう人はめずらしくありません。

それは、おそらく「自分との約束」と同様、守らなくてもたいして実害がないとタカをくっているからでしょう。でも、それゆえにこそ私は誠実に実践している人を見ると清々《すがすが》しく思い、その人を心から尊敬します。そして、そう感じるのはきっと私だけではないと信じています。

以上に挙げた4つは、いずれも常識的なことばかりですが、それだけについ疎《おろそ》かにしてしまいがちです。しかし、お客様はしっかり見ているもの。当たり前のことが当たり前にできる営業マンをお客様は信頼するのです。

「自分で決めたことを自分で崩さない当たり前のことを当たり前にできる人を、お客様は選ぶ」

「他人軸」で相手の優先順位を整理する

私自身、営業経験があるからだと思いますが、自分がお客様の立場にいるとき、相手の営業マンがどんな対応をするのか、つい気になって観察してしまいます。そんなとき、「この人からは絶対に買わないな」と思ってしまうのが、「自分軸」でしか応対できない営業マンです。

たとえば、テレビを購入するために家電量販店を訪れたとしましょう。ずらりと並んだテレビのなかから「いいな」と感じた製品の前で立ち止まって検討していると、表示されている商品概要を補足しようとして、いきなり機能を解説し始める販売員がいます。もちろん、その販売員の言動は厚意に発したものなのでしょうが、残念ながら、私はそれ以上、その販売員から説明を聞こうとは思いません。販売の機会を「自分軸」でしか考えていないからです。

私が販売員なら、何よりもまずお客様がどういうテレビを探しているのかを確認しないと、機能説明などできないと思います。テレビを置く部屋はリビングなのか寝室なのか、そこは何畳の部屋なのか、お年寄りやお子さんはいるのか……。

そうしたお客様の事情をはっきりさせなければ、お客様がどんなテレビを探しているのかはわかりません。にもかかわらず、そのテレビがいかに画期的な製品かを滔々《とうとう》と話しても、お客様にとっては関心のない他人事でしかないでしょう。お客様の事情より、販売員としてアピールすべき事柄が優先しているわけですから、その販売員は販売の機会を「自分軸」でしかとらえていないといえます。

お客様には、お客様の数だけ「ウォンツ」があります。その本当の姿をできるだけ早く、できるだけ正確に突き止めるのが、営業マンの仕事です。そして、そのために不可欠なのが「他人軸」という考え方なのです。自分ではなく、お客様という「他人」になりきって考える、ということだと理解していただければいいでしょう。

ただし、ここにはやっかいな問題がひそんでいます。それは、肝心のお客様自身が自分の「ウォンツ」を正確に把握していないということです。

みなさんも思い返していただきたいのですが、自分が欲しいものをはっきりと具体的に認識してから買うという人は、意外に少ないと思います。「欲しい」「買いたい」と思った時点では漠然としているもので、商品に関する情報を集めて比較し、それらと予算をはじめとする自分の条件とをつきあわせていくなかで、徐々にその姿をはっきりさせていくのです。

たとえば、ふと「ハワイに行きたい」と思ったとします。ハワイ旅行をすれば、その欲求は満たされるでしょう。でも、本当にハワイ旅行でしか満足できなかったのでしょうか。海外のリゾート地で気分転換したかったのなら、パラオ旅行のほうが満足感が高かったのかもしれません。非日常を味わいたかったのなら、ディズニーランドこそふさわしかったのかもしれない。あるいは、真の「ウォンツ」はまったく別のところにあって、実は旅行ではなく一流ホテルのディナーを求めていたのかもしれない。

数ある商品のなかから、なぜAという商品を勧めたのかと尋ねると、よく「お客様がそう言っていたから」と答える営業マンがいます。しかしながら、それでは単なる自動販売機と変わりません。あえて語弊《ごへい》を恐れずに言えば、お客様が「これが欲しい」と言う場合、それは必ずしもお客様の本当の「ウォンツ」を反映しているとはかぎらないと考えたほうがいいでしょう。実は、お客様自身でも自分が何を求めているのか、よくわかっていない場合が多いのです。

そこで必要となるのが、営業マンの役割です。お客様の漠然とした欲求を整理して、それらに優先順位をつけてあげなければいけません。そのためには、「他人軸」でお客様から情報を引き出して、お客様が本当に求めているものを目の前に提示してあげる必要がある。それができたとき、お客様は「この営業マンは、自分のことをよく理解してくれている」と感じるのです。自分を理解してくれている、と感じさせるほど濃密な信頼感はありません。その信頼感が、ふつうの営業マンを「選ばれる」営業マンに変えるのです。

お客様が自分でもつかめていない、本当の「ウォンツ」を見つける

「必要以上に」気持ちと言葉で感謝を表現する

保険業界に入る前、私は一時期、父が経営していたコンビニで働いていた経験があります。アルバイト経験がある方はわかると思いますが、コンビニは完全にマニュアルの世界です。マニュアル通りにやれば誰だって一定のレベルになれるわけですが、反面、無機質な世界でもある。

当時、1日の平均来店客数はおよそ1200人でした。朝から晩まで働くと、そのうち500〜600人ほどを接客することになります。「いらっしゃいませ」「○○円になります」「ありがとうございました」と接客の言葉はだいたい決まっているため、2、3日も働けば、まるで自分が接客マシンになってしまったかのような錯覚さえ感じたものでした。

接客する側がそんな気持ちになれば、お客様もそれなりの対応になってしまうのは当然です。やがて、お客様と店員の間には、言葉はもちろん、表情やしぐさを介したやりとりすらなくなって、単に商品とお金の事務的な交換作業が行なわれるだけになってしまいます。

私は、そうしたスタイルを否定するつもりはありません。マニュアルが充実することで、従来は働くことができなかった人も職を得て、お客様は買い物を短時間でさっとすますことができるようになったわけです。その功績は大きいと思いますが、当時の私はそれをつまらないと感じました。あるとき、「今日は50人のお客様から『ありがとう』と言ってもらおう」と、自分だけの小さな目標を立ててレジを担当するようになりました。その日、接客するお客様の10人に1人からでも感謝していただけるような対応をすれば、自分なりに充実感が得られるのではないか、と考えたわけです。

といっても、大学を中退したばかりの若造ですから、たいしたことはできません。たとえば、おにぎりを買ってくれた作業服姿のお客様の手が汚れていたら、「あちらをお使いください」と、手洗場を案内してあげる程度のことです。小さなお子さんがおつかいに来たとき、「ありがとうございました」と書いた簡単なメッセージカードを渡したところ、その母親からずいぶん喜ばれたこともありました。

もちろん、こちらが期待したような反応がないお客様もいます。それでも、私が立てた小さな目標は間もなく達成することができるようになりました。それで、何かが変わったわけではありません。ただ、「ありがとう」と言われれば、素直にうれしい。その喜びが味わいたくて、私はその目標を掲げ続けたのですが、そうした経験から不思議に感じるようになったことがあります。

なぜ、営業の世界で「ありがとう」がもっと増えないのか、ということです。

「ありがとう」と言われれば、誰だってうれしいはずです。そして、感謝の言葉を口にする側も気分がいい。お客様と営業マンは、互いに感謝しあう関係にあります。一方が一方に何かを与え続けるような偏った関係ではなく、本来、双方向に感謝できるバランスのよい関係にあるはずなのです。

ところが、「ありがとう」という言葉があまり聞かれないとしたら、ちょっと寂しいと思いませんか。

1つ考えられるのは、日本人に特有の羞恥心が影響している可能性です。たとえば、多くの人にとって最も感謝すべき相手は親や配偶者であるはずですが、家族には恥ずかしくて感謝の気持ちを伝えることができない、という人も少なくないでしょう。それと同じで、相手が親しい関係であればあるほど、「ありがとう」の表現が下手になる人はいます。それから、現実問題、「営業マン」の職業的地位を低くみて、「○○してくれて当たり前」と思っている人がいることもあるのかもしれません。

「選ばれる営業マンは、常に感謝の心の持ち主であり表現者である」

自分では感謝の気持ちを表現したつもりでも、無意識に抑制してしまって相手に伝わらない、というケースもあります。「ありがとう」と言ったつもりが相手に聞こえていなかった、というのは、いかにももったいない。

感謝の気持ちを伝える場合には、やや大げさかなと感じるくらいがちょうどいいのかもしれません。「必要以上に」言葉や態度で表現してください。そして、感謝の気持ちがあるときは、まず自分から感謝を伝えましょう。営業マンは常に感謝の心と表現の塊でいなければならないのです。

お客様に対して責任をもつということ

ネットで広く知られるようになった「レジ打ちの女性の話」をご存じでしょうか。ご存じない方のために、あらすじを紹介しましょう。

主人公は、地方から東京に出てきた女性です。就職しても長続きせず、いくつか職を変えるうち、スーパーのレジ係を始めました。ところが、その単調さに嫌気がさして、またもや挫《くじ》けそうになったのですが、何気なく手にした昔の日記帳を読むと「将来はピアニストになりたい」と書いてあった。それまでの人生で唯一、ピアノの練習だけは長く続けてきたことを思い出した彼女は、以来、鍵盤を見ずに演奏していたころのようにレジ打ちも頑張ってみよう、と思い直します。

間もなくキーを見ずに打てるほどレジ打ちに上達すると、お客様の様子を観察する余裕ができて、お客様の特徴がわかってきた。あるとき、いつもは値引き品しか買わない高齢の女性が高価な鯛を買ったことに気づきます。思い切って話しかけたところ、孫に祝いごとがあることがわかり、彼女が「おめでとうございます」と喜んであげたことがきっかけになって、そのお客様と親しくなりました。

そうして他にも言葉を交わすお客様が増えてきたころ、いつになく忙しい日がありました。「空いているレジへお回りください」との店内放送で、彼女は自分のレジにだけ行列ができていることに気づきます。彼女が驚いている横で、他のレジを勧める店長に対して、あるお客様が言いました。

「私は、この店が気に入ったから来ているんじゃない。この人と話がしたいから来ているの。だから、このレジじゃないと嫌なんです」

その言葉を耳にして泣き崩れた彼女は、仕事のすばらしさに初めて気づくことができた——。

おおよそ、以上のような話です。ネットで拡散した話ですから、誰かの創作なのかもしれません。ですが、なかなかよくできた話で、働くというのはどういうことかとか、お客様に「選ばれる」ためには何が必要なのかを考えるうえで、示唆深いような気がします。

たとえば、スーパーでレジ係をしているとき、お客様が買おうとしている肉のパックに小さなゴミが入っているのを見つけたとしましょう。気づかなかったふりをしてバーコードを読み取っても、レジ係が責められることはないはずです。しかし、「少しお待ちください」と断って精肉売り場へ走り、ほぼ同じ値段のパックを取ってくるのがプロです。お客様自身が気づかないほど小さな瑕疵《かし》でも、それを自分の責任と考えるのがプロなのです。

お客様から「選ばれる」営業マンは、例外なくお客様に対して責任をもって対応しています。そのことが最も顕著に現われるのが、実は保険業界です。

ほんの少し前、こんなことがありました。

私が創業して間もないころから20年以上もおつきあいのあるお客様で、従業員100人くらいの会社を経営するAさんという方がいました。あるとき、何気ない会話のなかで会社の将来について、めずらしく弱気なことを漏らしたのです。後継者がおらず、このまま事業を続けてよいものかどうか「迷っている」というのです。

Aさんの家族構成はもちろん、奥さんの人柄や他社で働いている息子さんの事情、そしてその会社の業績や業界のトレンド、社内の雰囲気なども把握していた私は、事業の売却を進言しました。

「まず間違いなく買い手はつきます。そして、Aさんが今後、豊かに生活できるだけの資金も手元に残るはずです。従業員さんや取引先のためにも、経営を引き継いでくれるところを探しましょう」

そう私が提案すると、Aさんはあっさりと応じてくれました。そして、Aさんの資産管理にかかわるいっさいを私に任せてくれたのです。

「私でいいんですか」

「騙されるのなら、いろんな人間に食い物にされるより、おまえ1人に騙されるほうがラクだから」

Aさんは、笑ってそう言いました。

多くの経営者にとって、会社は自分の分身のような存在です。まして、Aさんのような創業経営者にすれば会社は自分の人生そのものであって、欧米ほどM&Aが行なわれてこなかった日本では、そもそも会社を売却するという発想自体がきわめて異例といってもいいでしょう。

おそらくAさんの選択肢にも当初、「売却」というカードは入っていなかったはずですが、Aさんは諸事情を勘案して、勇気ある決断を下しました。それは、Aさんというお客様に対して、私が責任をもっておつきあいしてきたことを認めていただいたからでもあると自負しています。

他業界の方には大げさな表現に聞こえるかもしれませんが、われわれ保険業界の営業マンは、ある意味で、お客様の人生を預かっています。少なくとも、私はこれまでそう信じて働いてきました。そして、その認識は間違っていなかったと思います。われわれ保険業界の営業マンは、お客様が18番ホールの最終パットを決めるまで寄り添い続けるキャディーなのです。それくらいの覚悟がなければ、お客様に「選ばれる」営業マンにはなれないでしょう。

「お客様は、責任の重さ・深さを常に考えている営業マンを選ぶ」

常にお客様が正しいわけではない。何が正しいかを伝えよう

前項で、営業マンはお客様に対して責任をもつべし、という話をしました。ゴルファーに対するキャディーのように、営業マンはお客様に寄り添うべきだとの趣旨はご理解いただけたと思うのですが、それは決してお客様に唯々諾々《いいだくだく》と従うべきだという意味でないことだけは、あらためて強調しておきます。

お客様に対して責任をもつということは、万一、お客様に間違いがあったら、勇気を出してそれを指摘し、お客様に正しい方向を示す役割を担っている、ということでもあるのです。

仕事柄、私は社会的な地位が高く、経済的にも恵まれたお客様とのおつきあいが多いのですが、ある職業の方だけは意識的に避けてきました。おつきあいするかどうかを職業で選ぶなんてナンセンスだと思われるかもしれませんが、私なりの理由があります。

それは、もうずいぶん昔のことですが、お客様の態度を腹に据えかねたことがきっかけ

でした。

その方はマスコミにも登場するようなその業界の著名人でした。アポイント当日、13時に訪問するよう指定されていたのですが、約束の時刻になっても姿を見せません。その方が私の前に現われたのは、2時間後のことでした。

しかも、私の前に腰を下ろすなり「今日は何だっけ」と言われて、さすがに頭にきました。実は、その日、生命保険の診査をするため医師に同行してもらっていたのですが、次の約束に間に合わなくなったため、先に帰ってもらっていたのです。私だけならともかく、同行してもらった医師にも迷惑をかけながら、謝罪の言葉もないのはあまりに不誠実ではないか、と私は抗議しました。

すると、その方は「保険の営業マンふぜいが何を言う」と、さらに高圧的な態度で謝るそぶりも見せなかったのです。その後も数度、その方以外でも同じようなぞんざいな扱いを受けることがあり、以来、保険を取り扱う人間には魅力的な市場といわれるその業種の方はあえて避けるようになったというわけです。

保険の営業マンにとって、経済的に恵まれた富裕層はいわば上客です。たとえお客様の態度が気に食わなかったとしても、契約が取れるのなら2時間の遅刻くらい目をつぶればいいという考え方もあるでしょう。しかし、私はそういうお客様には選ばれなくても仕方がないと思いました。アポイントに2時間も遅刻したうえ、謝罪もできないような人に責任をもつ自信がなかったのです。

言うまでもなく、営業マンとはお客様あっての存在です。営業マンは、あくまでお客様から「選ばれる」存在でしかありません。しかしながら、お客様の下僕でもない。互いに利益を提供し合うパートナーであって、主従関係でも上下関係でもないのです。そうした機微に気づかず、営業マンに対する経済的な優位にしか目が向いていないお客様とは、つきあうべきではありません。

とくに保険業界では留意すべきで、実際、お客様の要求を断りきれず、それが不法だと知りながら詐欺などの犯罪に加担してしまった営業マンも少なくありません。もちろん、遅刻した前述のお客様と犯罪を結びつけるつもりはありませんが、時間やお金にルーズなうえ、それを恥じないようなお客様は警戒すべきでしょう。

お客様の誤りを指摘したら、契約が打ち切られるおそれが高まります。その場はうまく避けて通ることができても、そのうち関係がギクシャクして、結果的にお客様を失うことにもなりかねません。

それでも、私は信念を曲げてまでお客様に盲従すべきではないと考えます。正義感だとか倫理観だとか、そんな小難しい理由ではありません。ただ、自分の息子や娘に対して顔向けできないようなことはしたくないからです。「いい歳をして青くさい」と思われるかもしれませんが、営業マンとして誇りをもつ以上、その程度の意地は通したいところです。

こびへつらう営業マンは短期的にしかお客様から選ばれませんが、是々非々を貫く営業マンは結果的に長期的にお客様から選ばれ続けるのです。

是々非々を貫く営業マンこそ選ばれる 勇気を出してお客様に正しい方向を示すこと

どう見せるかを考える売れない人、どう見えているかを考える売れる人

「ここぞ」という日には赤色の「勝負ネクタイ」を締めるとか、縁起を担いでラッキーカラーを取り入れるとか、人と会う仕事ゆえに、ファッションに独自のこだわりをもつ営業マンは少なくありません。

私の場合、紺色のネクタイはできるだけ締めないことにしています。もともと色が黒いせいか、紺色のネクタイを締めると顔の色が暗く沈んで見えるからです。ですから、青色系統では比較的明るい色のネクタイしか締めません。

みなさんは、服装はもちろん、髪型、腕時計などの小物、カバン、そして体型や姿勢にいたるまで、自分が他人からどう見えるかを日常的に意識しているでしょうか。「どう見せるか」を考えている人は多くても、「どう見えるか」を意識している人は、そう多くないと思います。

しかし、実績を残し続ける営業マンの多くは、意外なほど「どう見えるか」を計算し

ているものです。思考パターンが「他人軸」になっているからでしょう。一方、「どう見せるか」しか考えないのは「自分軸」の思考だといえます。

いつだったか、夏の暑い日、小さな工務店を訪問するのにきちんとネクタイを締めて出ていき、そのまま汗だくで帰社した若い営業マンがいました。話を聞くと、お客様からネクタイを外すよう勧められたものの、身だしなみ第一と考えて、きちんとネクタイを締めたまま頑張った、と誇らしげに言うのです。私は、アホかとたしなめました。

彼の言う通り、たしかに身だしなみは大切です。「暑いから」という個人的な理由でネクタイを外さなかったのは、立派な心がけといっていいでしょう。しかし、時と場合によります。

汗が止まらず見苦しい姿を見せるくらいなら、お客様に勧められたときにネクタイを外すべきでした。何より、そもそも社長以下、作業着姿の男しかいない店舗へ顔を出すのですから、ノーネクタイでよかったのです。スーツにネクタイという、いかにもエリート然とした「ホワイトカラー」は、彼らが最も嫌う人種だからです。

とはいえ、もちろんそのときの彼にエリートを気取るつもりはなかったでしょう。しかし、自分が「どう見えるか」を意識していたら、誤解を招きかねないことに気づいたはずなのです。

自分がどう見えているか、「他人軸」で考える

営業マンは、自分がお客様からどう見られるかということに、細心の注意を払うべきです。金色の腕時計がふさわしい場面もあれば、シックな黒革ベルトが好感される場面もある。オーソドックスな書類カバンがいい場合もあれば、アタッシュケースが好まれる場合もあるのです。自分を見たお客様がどう感じるか、をよく考えてください。

もっと根本的な話をすれば、不潔・不快・不愉快・不自然に見えている営業マンは決して選ばれないのです。これは人として、基本中の基本ですが、意外と盲点かもしれません。いま一度、自分の身なりや素振りが「選ばれる」人になり得るものか客観的に考察してみてください。

お客様に振り回されないために

生命保険と損害保険の両方を扱っていると、どうしても時間が不規則になってしまいます。お客様に起こった思わぬアクシデントに対応するのが、大事な仕事の1つだからです。

いまでこそ損保会社にはネットや24時間フリーダイヤルといった窓口が整備されていますが、私が保険業界で仕事を始めてしばらくの間は、そんな便利なものはありませんでした。深夜であろうがお構いなしに、事故が起きたら私の携帯電話にお客様から第一報が入ります。「いつでもお電話ください」と公言している手前、「まだ寝てるから後で」というわけにもいかず対応しましたが、それでも電話をいただけたこと自体はうれしかったものです。

交通事故というお客様にとって最大級のピンチに際して、他ならぬ私を頼りにしてくれたからです。実際、そうして事故処理を担当させていただいたお客様で、おつきあいが途切れてしまうケースはほとんどありませんでした。

とはいえ、担当するお客様が増えていくと、そうして丁寧に対応したくてもできなくなります。私の場合、お客様が1000人を超えるかどうかというあたりで「これ以上は無理だな」と思いました。

いまでも忘れませんが、そのころは朝6時半に出社して雑用を片付けると、9時には外回りに出て、1日に7、8件はアポイントがありました。夜、帰社すると集金したお金の処理や翌日のお客様用の見積書作成など、事務処理作業がいろいろあって、ひと通り仕事が終わるとだいたい深夜1時です。自分に知識と経験が不足していることを実感していたせいか、そうした仕事一色の生活を苦しいと思ったこともなく、むしろ寝る時間がもったいないような気さえしたものです。

ところが、お客様が1000人くらいまで増えると、そういう日常にイレギュラーな事故対応の入り込む余地がなくなってきました。それでも、事故は起こります。ほとんど寝ずに数日、働き続けるようなこともしばしばで、やがて「この状態が続けばパンクする」と恐怖に近い感覚に襲われたとき、ふと自分がお客様に振り回されていることに気づきました。

いま思えば、このころが私にとって最も危機的な状況だったかもしれません。お客様の要望に合わせすぎるあまり、自分という存在を見失いつつあったからです。

実績を残す営業マンなら誰でも、お客様との関係がはっきりと切り替わる時期を経験するものです。実感としては、お客様との立場が入れ替わるような感覚に近い。主導権がお客様から自分に移るような感じといってもいいでしょうし、スポーツで攻守が交代するようなものかもしれません。客観的に考えると、それだけ1人の人間としておつきあいくださるお客様を多くつくることができた証であるともいえるでしょう。

いずれにせよ、お客様と営業マンの間のパワーバランスが崩れて、それまでとは対照的な位置で再びパワーバランスが安定するのです。そうなると、お客様とのアポイントメントもたいていは自分が主導できるようになって、スケジュールの組み立てがラクになります。お客様に振り回されることも、なくなるわけです。

言うまでもなく、そうした立場を味わえるのは一部の営業マンでしょう。専門家並みの金融知識があったり、誰もかなわないほど豊富な人脈をもっているなど、余人をもって代えがたい特徴が認められなければ、お客様から一目置かれる営業マンになれるはずがない。

ただ、そうした個人の属性に加えて、私はもう1つ、忘れてはならない要素があると思っています。それは、営業マンの社会的地位です。

認めたくないことかもしれませんが、業界を問わず、いまでも営業マンの社会的地位は決して高いとはいえません。とくに、保険業界は低いといわざるを得ません。どんなに優秀で、どれほど稼いでいても、しょせんは保険の営業マンという扱いでしかないのが実情です。

そうした状況を変えるのが、微力な私の年来の夢です。保険の営業マンという職業には、実際、それなりの社会的地位を得るにふさわしい意義と価値が備わっていると信じています。

お客様主導から自分主導へ 選ばれる営業マンには切り替わるときが来る

「お客様の価値観」を受け入れるということ

「ウマが合う」という言葉がありますが、われわれ人間は妙なもので、年齢や仕事、趣味など、バックグラウンドが違っていても、なぜか波長が合うように感じる人がいます。反対に、いくつか共通点があっていい人だとは思うけど、なんとなく話が合わない、と感じてしまう人もいる。「相性」といってもいいでしょう。

しかし、ときどき誰とでも仲よくなれる不思議な人がいます。嫌味のない人ともいえますし、意地悪な言い方をするなら八方美人とも表現できるでしょう。いずれにせよ、他人との衝突や対立を好まない穏やかな人柄といえます。

私は、そういう人物に営業マンとしての1つの理想像を見ます。それは、もともと私が守備範囲、許容範囲が狭い人間であるからかもしれません。自分の了見の狭さや経験・知識不足を自覚していた私は、これまで意識的に他人との「相性」を感じさせない人間になりたいと努めてきました。ビジネス書ふうに表現すると、「仲よくなる技術」とでもいえるかもしれません。

そうした経験から得た教訓をお教えしましょう。どんな相手とも分け隔てなくつきあうコツは、多様な価値観を受け入れることにあります。

言うまでもなく、人の価値観はさまざまです。

たとえば、ある人にとっては食事こそ人生最大の楽しみで、評判のお店があると聞けばわざわざ新幹線に乗ってでも駆けつけてしまう。でも、食事では栄養さえ摂取できればいいと考える人にとって、その人の行動は理解不能でしょう。また、出産と育児に幸せを見出す女性には生涯、独身を貫く女性が不幸に映るかもしれませんが、逆側から見ると、その人は家庭に縛りつけられた不幸な女性なのかもしれない。

世の中には絶対に正しい価値観が存在しないのと同様、絶対に間違った価値観も存在しません。しかし、われわれはつい自分自身の価値観こそ正しいと考えてしまう。

ただ、どんなに経験不足な営業マンでも、面と向かってお客様の価値観を批判するようなことはしません。内心、どんなに納得できなくても「よくわかります」「私もそう思います」と、その場をやり過ごすのがふつうでしょう。私も、それが営業マンとしての正しい姿だとは思うのですが、実はここに落とし穴がある。バレるのです。口先だけの共感や建前でしかない同意は、いつか必ず相手に見破られてしまうのです。

しかも、バレてしまったときに相手が感じる落胆は、ほとんどリカバリー不能です。そうなるくらいなら、最初から「あなたは間違っている」と言ってしまったほうがまだマシかもしれません。思ってもいないことを平気で口にする軽薄な営業マン、というレッテルを貼られてしまったら、もはやそのお客様に対する敗者復活のチャンスはないと考えるべきです。

では、どうすればいいのでしょうか。私は、たとえ時間がかかっても、世の中にはいろんな価値観の人がいる、という現実を受け入れる努力をすべきだろうと思います。具体的にいえば、見聞を広めることです。本を読んだり、映画を観るのもいいでしょう。美術館や博物館に足を運んだり、知らない土地を旅行してもいい。とにかく、社会を知ることです。そして、人間を知ることです。そうしていろんな世界を知れば、「よくわかります」「私もそう思います」という言葉から軽薄さが消えます。お客様の価値観と自分の価値観がぴったり重ならなくても、「そういう考え方もあるよね」と心から思えるようになるからです。

お客様に商品を買ってもらうというのは、どういうことなのでしょうか。私は、単に需要と供給が合致したというだけではないと考えています。たしかに、ネット通販の場合はそうした理解も成り立つでしょう。しかし、商品やサービスとお金が交換される場にわれわれ営業マンが介在するとき、需要と供給のバランスという経済学的な条件を離れた、ある異質な要素が触媒となるのではないでしょうか。その触媒とは、一種の共感です。お客様が営業マンに対して「この人は自分のことを理解してくれている」と感じることができたとき、化学反応が起きるわけです。

お客様は、必ずしも自分と同じ価値観をもつ営業マンを求めているわけではありません。たとえ価値観が違っていても、自分の価値観を誠実に理解してくれる営業マンを選ぶのです。

多様な価値観を認める姿勢を手に入れることで、さまざまなお客様との「目線合わせ」が可能になり、多くのお客様との理解度が深まり、選ばれる営業マンになることができるのです。

口先だけの同意は必ずバレる
選ばれる営業マンは異なる価値観を受け入れる

孤独を楽しみ、孤独と戦う

ひたすら実験を繰り返す研究職や日々、農作物と向き合う農業と違って、営業マンは基本的に他人と対峙するのが仕事です。「孤独」とは最も縁遠い仕事と思われるかもしれませんが、少しでも営業を経験したことがあれば、私のいう「孤独」がどういう意味なのかわかっていただけるのではないでしょうか。要するに、数字がすべてという本当に厳しい世界であり、数字が上がらなければ、生きていくことができない冷酷な世界だということです。

どんなに人柄がよくても、知識が豊富でも、実績が残せなければ営業マンとしてはダメです。語弊を恐れずに言えば、営業マンにとっては数字こそが人格なのです。ですから、あくまで数字は自分1人でつくるものであって、誰も助けてはくれません。もちろん、アドバイスをくれる上司や先輩もいますが、最終的には自分が動いて数字を残さなければいけない。好業績のときには感じないものですが、数字が上がらないときの孤独感は精神的にこたえます。

だからといって、こうした孤独感から逃げてしまうと何も得るものがありません。この場合、逃げるというのは「言い訳をする」という意味です。数字が上がらない原因を他者に転嫁して、自分自身は安全地帯に逃げ込むわけです。精神的に一時的な安らぎは得られるかもしれませんが、当然ながら、そういうことでは営業マンとしての成長はありません。厳しい状況に追い込まれますが、孤独としっかり向き合って、戦って、勝たないと、営業マンとしての成長はないのです。

さらにいえば、群を抜いた実績を残すような営業マンを見ていると、孤独としっかり向き合っているのはもちろん、厳しいはずの戦いを楽しんでいる様子さえ見受けられます。営業マンとしてめざすべきは、まさにそういう境地です。

では、どうすればそういう境地に達するのでしょうか。私の経験をお話しすると、コツは「行動」です。ただただ行動あるのみ。とにかく動くことです。

私は、これまで何千、何万という数の営業マンを見てきましたが、たいへん不思議な傾向に気づきました。実績が残せない営業マンほど、動けていないのです。反対に、数字が伸びる営業マンほど動くのです。

「動く」というのは、お客様に電話をかけたり、訪問するような直接的な行動だけでなく、キーマンとなる第三者に働きかけたり、異業種交流会に出席して人脈を広げようとするような間接的な営業活動も含めて、自分の数字をつくるためのあらゆる行動を指します。

ですから、売れる営業マンはますます売れるようになり、そうでない営業マンはますます悩むことになる。スポーツでも、スランプに陥ると腕や足が縮んでしまってフォームが小さくまとまってしまうものですが、調子のいい選手ほど体全体を大きく動かしています。

もし、そうして小さくまとまってしまっている自分を感じたら、まずは自分自身を相対評価してみることです。同僚や他社の営業マンと数字をしっかり比べて、自分の実力がどの程度なのかを把握するのです。まさに孤独と向き合うわけですが、そこをしっかり把握して具体的な目標を設定します。

私の場合でいえば、代理店を創業した当時、某保険会社の小さな支社に登録したのですが、まずは支社で一番になろうというのが最初の目標でした。それが実現できれば、次は関東で一番、東日本で一番、そして全国で一番をめざす。そして、それも実現できたら次の目標は世界です。MDRT（世界百万ドル円卓会議）におけるTOT（top of table）になれれば、当時はだいたい400人くらいでしたから、世界でトップ400

に入ったことがわかります。

自分の実力がどの程度なのかがはっきり数字で表わされるのですから、好調であればともかく、不調であればあるほど、目を背けたくなるものです。人間にとって、自分自身と対峙することほど、辛いことはないのです。

しかしながら、それでも目を背けることなく自分と向かい合うことができれば、体が自然と動くはずです。いてもたってもいられず、まずは見込み客を増やそうと行動するはずなのです。「孤独」に強い営業マンは、間違いなく成長します。

自己改善は、孤独と向き合うことから始まる

標準化していいサービス、いけないサービス①

私は、ずいぶん前からお客様にも優先順位をつけるべきだと公言してきました。そして、実際、自分なりの基準を設けてお客様を「選別」し、おつきあいの仕方や時間配分などを変えています。

そんなふうに言うと、「お客様に対して失礼だ」と感じる人もいるでしょうし、「自分はどんなお客様に対しても全力で誠心誠意、おつきあいしている」と、胸を張る人もいるでしょう。実は、私もまったく同感です。お客様に優先順位をつけてはいますが、私もすべてのお客様に対して誠心誠意、全力でおつきあいしてきたつもりです。

もし、私に矛盾を感じる営業マンがいたら、たいへん失礼ですが、その人は本当にお客様を大事にしていないのかもしれません。お客様を大事にしていると思い込んでいても、その実、お客様を「社会的地位や経済力で判断しない自分」に陶酔しているだけかもしれない。お客様を選別しないことが、すべてのお客様を満足させると思い込んではいないでしょうか。

この問題を議論の俎上に乗せるとき、たいてい強い反論が寄せられます。また、お客様に優先順位をつけるべきだと信じて、実際、そうしてきた営業マンも、そう公言することにはちょっとした後ろめたさのようなものを感じてしまうはずです。それは、「優先順位」や「選別」という言葉に、ある誤解が潜んでいるからでしょう。優先順位が低いお客様は蔑《ないがし》ろにしてもいい、という誤解です。

私は、お客様に優先順位をつけることと、すべてのお客様に対して全力で誠心誠意、おつきあいするということは、まったく矛盾せずに両立すると考えます。優先順位が低いからといって、雑にあしらっていいということにはならないからです。ただ、優先順位に応じてサービスの質や量を変えるだけです。しかし、そういう誤解にもとづく先入観があるから、お客様を選別するなんてとんでもない！　と思ってしまうのです。

あらためて確認しておきますが、お客様にはしっかりと優先順位をつけて、選別しておつきあいすべきです。時間が限られている以上、お客様とのおつきあいに当てる時間にも限界があります。

ところが、お客様から選ばれる営業マンには人気が集中します。たくさんのお客様から求められるのですから、営業マンとしては1人でも多くのお客様のニーズにお応えしたいと考えるのが正しい。そこで考えるべきは、すべてのお客様が同じサービスを求めているわけではないということです。つまり、お客様のニーズにも強弱があって、営業マンに対して手厚いサービスを求めるお客様もいれば、接触する頻度は低くても信頼できる営業マンとつきあいたいと考えるお客様もいるわけです。

ならば、そうした要求に応じてサービスの質と量を変えればいい。クルマでいえば、すべてのお客様が高級外車に乗りたいと考えているわけではないのですから、廉価で小回りのきくクルマが欲しいというお客様に軽自動車を勧めても、それはお客様を軽視したことにはならないでしょう。

たとえば、私はほんの一部のお客様に対するおつきあいとして、毎年、少人数での旅行を実施しています。参加者は大きな会社の経営者ばかりなので私は「経営者合宿」と呼んでいるのですが、1台のワゴン車を借り切って6～10人の経営者たちが日常の喧騒から脱出するわけです。といっても、取り立てて決まりごとがあるわけではなく、傍目には単に飲み食いするだけの慰安旅行に見えるでしょうが、そうした場では応接室に何時間向かい合っていても出てこない話題が出てきます。もちろん、参加者同士の親近感も増します。

私自身にとってもたいへん有意義な時間なのですが、かといってすべてのお客様と同様のおつきあいができるわけではないことは自明です。一緒にゴルフをするのがふさわしいお客様もいれば、食事会だけのお客様もいる。年に1回、必ず電話で近況を報告し合うお客様もいれば、年賀状だけのおつきあいというお客様もいるのです。

そうした多様なおつきあいは、お客様を選別しなければできません。優先順位をつけるからこそ、それぞれのお客様にふさわしいおつきあいができるのです。たくさんのお客様のご期待に応えたいなら、お客様をしっかり選別してください。

お客様にはしっかりと優先順位をつけておつきあいする

標準化していいサービス、いけないサービス②

お客様に優先順位をつけるにあたって、営業マンには真摯《しんし》に考えておくべき大事なポイントが2つあります。

1つは、その基準をどう設定するかということ。もう1つは、優先順位の低いお客様に対する必要最低限のサービス、つまり標準化されたサービスをどう構築するかということです。それぞれについて、私の経験をお話ししましょう。

まず、前者について。業種によって大きく異なるうえ、お客様も多様ですから、必ずしも厳格な基準を設ける必要はありません。もちろん、例外を認める柔軟さも大切だと思います。基本的には、営業マンそれぞれが大事にしているスタイルやポリシー、信条といったものに応じて、自分なりの基準を設定すべきです。

参考まで、私が基準としている項目を挙げておきましょう。次の6項目です。

1 いままで共有してきた時間の長さ（おつきあいの歴史）
2 営業マンである自分にお客様がしてくれたことの重さ（ビジネス以外のこと）
3 そのお客様とつきあうことになるまでの経緯（どのように知り合ったか）
4 そのアクションが新しいビジネスを創出するのか（自分のビジネスが拡大するのか）
5 そのお客様の契約保有高（費用対効果はあるのか）
6 そのお客様を好きか嫌いか（気持ちよくビジネスできるか）

以上、1～6の順序で私はお客様とのおつきあいの仕方や時間のかけ方を判断しています。また、4つ以上、気になることがあれば、行動の優先順位を上げるようにしてきました。

しかし、当然ながら、私自身の状況が変われば、判断基準も変わります。率直に言って、5はいままではあまり重要ではない項目になっています。

一方、後者についてですが、サービスを標準化するにあたって最も留意すべきは、そのことによってお客様が不安や不満を感じないように配慮することです。

お客様は、おおむね以下のようなときに営業マンに対して不信を感じます。

・営業マンがいつも自分のことを考えてくれていないと感じたとき
・営業マンと連絡が取れるかどうかわからないとき
・営業マンが頼りにならないかもしれない、と感じたとき
・商品やサービスに対するアフターフォローが適切に行なわれていないとき
・営業マンについての悪評やよくない噂を耳にしたとき

言い方を変えれば、以上のような不信を感じなければ、お客様は標準化されたサービスを受けていると自覚しても、営業マンとのつながりに疑いを抱くことはないということです。蔑ろにされている、とは感じないわけです。

そうした点に配慮しながらサービスを標準化するわけですが、そのとき忘れてならないのは、お客様が自分を選んでくれている理由です。なぜ、お客様が自分とつきあおうと思ってくれたのかを正確に把握して、それをできるだけ自分の労力や時間を費やすことなく実現できる仕組みをつくるのです。

たとえば、多くのお客様が自分を選んでくれるのは豊富な商品知識であると思うのなら、あらかじめ汎用性の高い資料を用意して配布したり、自分が情報源としているサイ

トを教えてお客様が自ら情報を得るようにすれば、優先順位の低いお客様にかける時間も労力も節約することができます。

また、面談の際にお客様に与える安心感こそ自分の強みだというのなら、お客様がいる地域や契約の大小などを徹底的に分析して、1年間くらいの長いスパンで行動計画を見直し、有効面談数を増やせばいいでしょう。

お客様と過ごした時間、義理・恩・歴史などを、ビジネスの大きさにとらわれず深く考えて、距離感、密度をきちんと分析することも大事です。

いずれにせよ、優先順位の低いお客様へは「粗雑なオーダーメイド品」ではなく「高品質な既製品」を提供するつもりで取り組んでください。

「優先順位が低いお客様には「高品質な既製品」を提供する」

成功するのは「危険予知能力」が高い人

優秀な営業マンに特徴的な能力の1つとして、「お客様のサインを見逃さない」というものがあります。お客様のしぐさや言葉づかいを注意深く観察して、ちょっとでも契約に前向きな意思を示すサインが現われたら、それを的確に読み取って、すかさずクロージングにもちこむ、という能力です。肉食動物のような、狩猟的な感覚と表現できるかもしれません。

たしかにそういった能力も大事ですが、私はむしろお客様が発する「負のサイン」を察知する能力のほうが、よほど重要だと思います。この場合、「負のサイン」とはお客様が自分を拒絶しようとしている兆候と考えていいでしょう。その兆候に気づかず突き進むと完全に嫌われてしまいますが、そこで気づいて嫌われる原因を排除しさえすれば嫌われずにすむ、というギリギリのラインで引き返す能力です。草食動物のような、保身的な感覚といえるでしょう。

われわれは、多くの場合、日常生活における人間関係を穏便なかたちで維持したいと考えるものです。嫌いな相手とは顔を合わせず、口もきかないというワガママが許されない以上、表面上だけでもほどほどの距離感を保った人間関係を維持しないと、互いが困るからです。また、当人同士だけでなく、周囲の人たちも困る。内心、嫌いな相手でもできるだけそうした気持ちを押し隠して、とにかく人間関係の断絶という最悪の事態にいたらないように努力するのが、大人の対応というものでしょう。

ところが、お客様と営業マンの関係は違います。もし、何らかの理由でつきあいたくない営業マンだと思ったら、お客様は関係性をシャットアウトすることができる。お客様にとって、営業マンは職場の同僚のように明日も明後日も顔を合わせなければいけない相手ではないのです。

そうした関係性のなかでお客様と長くおつきあいを続けるには、営業マンの「危険予知能力」が何より大切です。お客様の態度や言葉の端々に現われる、わずかな兆候も見逃さずにキャッチするテクニックです。そして、できるだけ早く的確に自分自身を軌道修正して、お客様との関係の修復をはかる。長期にわたってお客様といい関係を築くことができる営業マンは、狩猟的な感覚より、草食動物のような危険予知能力のほうが発達しているものです。

では、そうした能力はどうやって磨けばいいのでしょうか。

私は、お客様と面談する際などに、次のような点を意識するようにしています。

・雑談中、お客様の嗜好（何が好みか）を引き出したら、必ず「何が嫌いか」にも想像を膨らませる

・お客様の話のなかにネガティブな言葉があれば、まずはそれを許容する。そのうえで話を掘り下げ、お客様の不満や不安、不信の理由を突き止める

・お客様が感じている不満や不安、不信の解消方法を一緒に考える。そして、使える時間内で自分なりの「一定の回答」を見つけて、お客様と共有する

・次回、お客様と面談するまでに「一定の回答」を超える対策をお客様に提示できるよう準備する。そして、お客様が考えるイヤなこと、嫌いなことを排除（緩和）する

要は、お客様の話にしっかり耳を傾けて、お客様の倫理観や価値観、好き嫌いを察知するということです。あくまでお客様個人の感覚ですから、全面的に納得しがたいものもあれば、自分と似た感覚を見出すこともあるでしょう。

いずれにせよ、お客様に好かれる努力をするのと同じくらいの感覚で、お客様から嫌

われないことにも配慮すべきです。初対面で瞬時に好感をもたれるだけでなく、長くつきあっても嫌いな要素を見出しにくいのが、一流の営業マンです。

「好かれる」のではなく「嫌われない」を意識し、「チャンス」よりも「リスク」を常に考えることで、お客様と継続的に良好な関係を構築することができます。

選ばれる営業マンは、お客様が発する「負のサイン」を見逃さない

アポは週15個入れる、その根拠

保険業界には、1週間に15件のアポイントを入れ続けることが好業績につながるという説があります。なぜ15件なのか、他業界の営業マンには理解しにくいかもしれませんが、これにははっきりとした根拠があります。「神様」がそう言ったからです。

その「神様」とはトニー・ゴードンという人物で、保険業界では知らない人はいないとされる伝説の営業マンです。彼が自身の成功の秘訣として挙げたのが「1週間に15件のアポイント」という数字だったわけです。保険業界で働くようになって、私も神様のご託宣を信じてみようと思い、頑張って実践してみました。

ところが、まずまずの成績にはなったものの、彼には遠く及びません。当然ながら、彼と当時の私ではアポイントの質が違っていたからです。そこで、こんどは彼の営業スタイルを研究し、徹底的に真似てみようと考えました。彼と同じことをすれば、彼と同じ成績を残すことができるはずだと考えたわけです。そうして私は、彼を成功のモデルケースの1つとして、その営業スタイルや思考法をベンチマークとするようになりました。彼に近づこうと自分なりに工夫してきたことが、結果として、その後の私の実績につながったのだと思います。

今回は、そうした経験を通じて得たアポイントについての考え方をお話しします。

アポイントに関して、私がこだわってきたポイントは大きく2つあります。1つは、どの程度先までアポイントを入れるか、ということ。もう1つは、アポイントの相手は誰か、ということです。

まず、前者についてですが、私は必ず1か月先のアポイントまで入れるようにしてきました。アポイントに臨むにあたって、それくらいの準備期間が必要だからです。

たとえば、建設関係の会社の経営者とのアポイントを入れたとしましょう。ほとんど何も下調べをしないまま丸腰でアポイントに臨むような営業マンは論外ですが、ふつうはその日の展開を考えて資料を準備し、雑談にも応じられるように建設業界の動向なども調べていくはずです。しかし、私はそれでも準備不足だと思います。

私なら、その経営者との2回目、3回目のアポイントまで想定してから初回のアポイントに臨みます。そして、自分の人脈のなかから建設業界に詳しそうな人をリストアップして、紹介すべき人がいれば、何回目のアポイントで会ってもらうかを考える。次回以降のアポイントをどのタイミングで入れるべきかも、ある程度、考えておきます。

もちろん、相手のあることですから私の想定通りにならない場合もありますが、営業には一種のストーリーが必要です。アポイントのたびに毎回、出たとこ勝負で商談するのではなく、ある程度の期間を視野に入れたストーリーを描いて、お客様との商談に臨むべきです。商談の展開に振り回されて、対応が後手に回りかねないからです。

1か月先までびっしりアポイントを入れてしまうと、予想外の事態に対応できないと心配する人もいるかもしれませんが、緊急時には緊急時なりの行動ができるものです。そう割り切って、お客様とのアポイントに向けて誠心誠意、準備するべきでしょう。

お客様に対しての「アポイントの数」×「打率」×「単価」が営業マンの成果となります。すなわち経験が浅い人でも数を増やせるのはアポイントの数だけになりますが、この計算式を、とくに成長過程にある人は常に意識していただきたいと思います。

一方、後者の「アポイントの相手は誰か」についてですが、その主体は当然、お客様です。新規のお客様（見込み客）と既存のお客様が中心になりますが、私はお客様以外のアポイントを意識的に入れるようにしてきました。知識や情報が偏らないようにするためです。

忙しい日常のなかから、お客様は私とのアポイントのために貴重な時間を割いてくれるわけです。私としては、お客様に役立ちそうな情報を提供することで、せめてその時間がお客様にとって有意義だったと思ってもらえる時間にしたい。さまざまな立場・業界の人と会える私なら、多忙なお客様が知り得ないような情報も得ることができます。そうした情報は、われわれが考える以上にお客様にとって有益なのです。

アポイントの比率としては、新規のお客様が40パーセント、既存のお客様が30パーセント、お客様以外が30パーセントといったところでしょうか。ある程度のバランスは考えたほうがいいでしょう。

営業にはストーリーが必要 2回目、3回目を想定して初回のアポイントに臨む

お客様に対して「何をしないか」を決める

基本的に、私はお客様の役に立てるなら、どんなことでもして差し上げたいと考えています。といっても、微力な私にできることなどたかが知れていますから、弁護士さんや税理士さんを紹介してあげたり、資産管理のノウハウをアドバイスする程度のことですが、それでもお客様に「助かったよ」と言ってもらえると満ち足りた気分になって、たとえ本業の枠を超えたサービスを提供することになっても何ら抵抗を感じません（もちろん、保険業法で定められた禁止事項は厳守します）。

しかし、正直に言うと、それはお客様次第です。

「契約の多寡で客を差別するのか」

と批判を受けそうですが、もちろんそんな品のない区別はしません。

私が何でもして差し上げたいと思うのは、やはりモラルの高さや自律的な人柄に対して感じることであって、より正確に言えば、「真剣に生きている方」に対しては、どんなことでもしてお役に立ちたいと考えています。

裏返して言うと、社会や人生に対して不真面目な人には、たとえお客様であっても本業の範囲以上のサービスは提供しません。私がそのお客様の役に立ったところで、そのお客様の個人的な利益にしかつながらない場合が多いからです。

しかし、真剣に生きている方は私が提供したサービスを生かしてくれます。大げさに聞こえるかもしれませんが、そういう方は自分が得たもの、与えられたものを自分だけの利益にしないで、必ず社会へ還元しようと努めます。そして、そもそもそういう方は他人を便利使いしようなどとは考えません。

以上、勝手なことをお話ししましたが、これらは私の個人的な見解であって、独断や偏見を感じ取る人もいるでしょう。人にはそれぞれに価値観があるのですから、それで当然です。

ただ、たとえ独断や偏見であっても、人にはそれぞれに守るべき人生観や価値観があるはずです。私は、営業という仕事をしているからといって、そういうものを捨てるべきではないと思います。お客様あっての営業マンではありますが、お客様は決して神様ではありません。にもかかわらず、ただ契約を失うことを恐れて、自分のポリシーまで捨ててしまうのは人間としての誇りを放棄することです。そうまでしなければ失ってしまうお客様なら、むしろ喜んで手放すべきです。そのお客様は、単に言いなりになる便利な営業マンを求めているだけでしかないのです。

みなさんも、ふだんから自分の良心や主義主張としっかり向き合って、自分にできることは何か、できないことはどういうことかを考えておくといいでしょう。お客様への盲従は、営業マンとして最も戒めるべきことです。

「
お客様に盲従することはない
人生観や価値観に照らして、できることを考える
」

反省はしても、後悔はしない

みなさんは「反省」と「後悔」の違いが何か、考えたことがあるでしょうか。
ちなみに、辞書では次のように定義づけられています。

「反省」……振り返って考えること。過去の自分の言動やありかたに間違いがなかったかどうかよく考えること。
「後悔」……あとになって悔やむこと。（いずれも『大辞林』より）

このように、「反省」と「後悔」は似ているようで、実はまったく別の概念です。後者が「ああしておけばよかった」という繰り言であるとすれば、前者は「あれでよかったのか」という自問ととらえることもできましょう。いずれにせよ、営業マンに求められるのは前向きで生産的な「反省」であって、愚痴っぽい「後悔」はあまりいい結果を招かないと考えていいと思います。

実際、私は反省はしても後悔はしないよう、これまで強く自戒してきました。精神衛生上、それが健全であるからという理由もありますが、保険の営業マンにとって後悔はときに取り返しのつかない最悪の事態を意味するからでもあります。

かつて、自宅を新築したにもかかわらず、火災保険に加入していないお客様がいました。多くのお客様にとって、火災とはまさに「対岸の火事」であって、自分が当事者になるとは想像もできない、という人がほとんどでしょう。

しかし、私の立場からすると、自宅を新築しながら火災保険に加入しないという状況は、ちょっと信じがたい無防備さです。「とにかく1日も早く加入してください」と執拗に勧めたものの、お客様は面倒がって言を左右にするばかりで、やがて根負けしたように「こんど出張から帰ったら頼むよ」と折れましたが、私はそれでも納得せず、半ば強引なかたちで出張前に契約してしまいました。

そのときのお客様の不満そうな表情はいまも忘れられませんが、新築したばかりの自宅が全焼したのは、それからわずか数日後のことでした。無事、保険金が支給されることがわかったとき、お客様の顔に浮かんだ感謝と恐怖が相半ばしたような表情を私はい

「後悔しないために、お客様の意に反することも辞さない」

まだに忘れることができません。

まるで小説のような話ですが、私はこのことを思い出すとき、いまだに背中にヒヤリとしたものを感じてしまいます。お客様の説得を諦めなくてよかった。そして、後悔しなくてよかった、と心から実感しています。実は、このケースとは違って、お客様の生命にかかわる最悪の事態にいたってしまった苦い経験もあったからです。

「あのとき、無理にでも生命保険に入ってもらうべきだった」

おそらく、今後もその思いが消えることはないと思います。それだけに、二度と同じ後悔だけはしたくありません。後悔せずにすむよう、やるべきことは必ずやる。やっておいたほうがいいかな、と少しでも思うなら、お客様に遠慮せず、面倒がらず、曖昧にせず、ぜひ実行してください。

説明にパンフレットを使わないわけ

先日、タクシーに乗っていると、ＣＭを流していると思われるディスプレイから「営業」という言葉が聞こえてきたので、思わず目を引きつけられました。見ていると、パソコンの画面に体を突っ込んだ営業マンが、別のパソコンの画面から上半身を現わしてお客様と商談をする、という趣旨のようです。パソコンを使えばお客様のもとに出向かずとも商談ができるので、「足で稼ぐ営業はもう古い」というメッセージが込められているようでした。

「なるほど」と感心しつつ、お客様がパソコンを開いてくれなかったら何もできないなとも思ったのですが、通信テクノロジーやＡＩの急速な発展によって営業という仕事が大きな影響を受けつつあることはたしかなようです。実際、保険業界でもノートパソコンさえあれば、パンフレットを持ち歩かなくてもお客様に必要な情報を提示することができますし、見積書なども簡単に作成することができます。

しかしながら、どれほど便利なツールが登場して商談が効率化されても、営業活動の本質は変わらないと思います。商取引に営業マンが介在する以上、お客様と営業マンという人間同士の関係性が契約の成否を左右するからです。

したがって、私はもちろんパソコンをはじめとする便利なツールの活用を否定するつもりはありませんが、電子化されていようとなかろうと、パンフレットや見積書といった武器をむやみに多用することはお勧めできません。「そんなことを言っていたら、営業活動なんてできない」と感じる人もいるでしょう。しかし、そうした武器に頼る営業マンほど、実は成績が芳しくない傾向があります。また、お客様からの「紹介」も少ないのではないでしょうか。それは、その営業マンがお客様の事情より、商品やサービスの機能・性能を売ることを優先しているからです。

「古い」と言われることを承知で言いますが、私はいまでも営業マンの1つの理想形は「サザエさん」に登場する三河屋の青年だと信じています。いわゆる「御用聞き」です。彼は、決してサザエさんに商品を売りつけようとはしません。醤油や酒が切れる頃合いを見計らって訪問し、不足しているものがないかを尋ねて、そのニーズにふさわしい商品を届けます。つまり、まずはお客様の困りごとや悩みを把握したうえで、それを解決するための商品やサービスを提供するわけです。

もし、三河屋の青年がサザエさんの話も聞かず、いきなりパンフレットを取り出して新商品の説明を始めたら興ざめでしょう。もっとも、現代ではサザエさんとのやりとりがＬＩＮＥに置き換わって、青年がわざわざ勝手口に顔を出す必要はないのかもしれませんが。いずれにせよ、大事なのはセンスよく「接触頻度」を増やし、お客様に必要な情報とサービスだけを常に提供することです。

どれほど画期的で斬新な機能であろうと、それを欲しないお客様にとっては他人事でしかありません。機能・性能こそお客様にとっての関心事だと勘違いしている営業マンがいたら、それらをよりわかりやすく正確に説明することができるＡＩに取って代わられる日も近いでしょう。

お客様の困りごとは何かを知ること すべてはそこから始まる

お客様は、最も当事者意識をもってくれた営業マンと契約する

そもそも、お客様はなぜ商品やサービスを買うのか、みなさんは考えたことがあるでしょうか。

「欲しいからに決まっている」と思う人は少なくないと思いますが、それだけではありません。最も大事なことは、お客様自身が「買わなければいけない当事者」であることを認識することです。その認識が明確であるからこそ、お客様はわざわざアクションを起こして買うのです。

当然、営業マンはお客様の当事者意識を強調こそすれ、それを弱めてしまいかねない言動は絶対に避けるべきです。しかし、自分でも気づかないうちにそうした方向へお客様を誘導してしまう営業マンがいます。その典型が、「パンフレット営業」です。

前項でも、「パンフレット営業」がお勧めできない理由をお話ししましたが、実はお客様の当事者意識を弱めてしまうという意味でも、私はその悪影響は大きいと考えてい

ます。それは、第一にパンフレットの印象が大きく、その営業マンの印象さえ左右してしまうからです。第二に、パンフレットの内容に関心がなければ、お客様の気持ちが離れてしまうからです。「自分には関係のない話だ」と思われてしまったら、もはやお客様の当事者意識を強めることはできません。

では、お客様の当事者意識を強めるには、どうすればいいのでしょうか。

最も効果的なことは、営業マンも当事者意識をもつことによって、お客様と協力して同じ課題の解決に取り組む関係にあることを認識してもらうことだと思います。お客様と営業マンが、いわば同志的な共感でつながるのです。

経営者としてのポジションへ重心を移す前、私が営業マンとして最も多くのお客様を担当していたころは2000名の個人のお客様に加え、法人のお客様が300社ほどもあったでしょうか。われながら、それだけの数のお客様をたった1人で担当させていただきながら、よく混乱しなかったものだと思いますが、もちろんそれには私なりの工夫がありました。効果的だったのは、やはり「顧客ノート」でしょう。

いまでこそ顧客情報はすべて電子化されてデータベースで管理されていますが、私がまだ一介の営業マンだったころはそんな便利なツールがなく、担当するお客様の情報をノートに書き込んで管理するという、きわめてアナログな手法でした。書き込む手間や時間を考えると、いまはもう必ずしもお勧めできない手法になってしまいましたが、当時はそうするしかなかったため、そうしたノートで顧客情報を管理していた営業マンは少なくなかったはずです。

お客様とのアポイントが迫れば、必ず顧客ノートを見て、お客様の情報を頭に叩き込んでから面談します。そして、面談後は新たに得た情報や商談の経過をノートに書き込むというサイクルで、私の場合、法人のお客様や個人のお客様の一部については顧客ノートに情報を書き留めるだけでなく、面談後に「議事録」を作成していました。そして、次回の面談時にお客様へお渡ししていたのです。実は、これも「神様」トニー・ゴードンの手法を真似たものです。

顧客ノートはつくっても、議事録まで作成する営業マンは当時も少なかったと思いますが、これには大きな効用がありました。私自身にとっての備忘録となっただけでなく、お客様に対して、私もお客様と同じくらい「当事者意識」を感じていることをアピールすることができたのです。「親身になっている」ことをお客様に認識していただく効果、と表現してもいいでしょう。

営業マンが当事者意識を強調すると、自然とお客様の当事者意識も刺激されます。どういう商品・サービスを購入すべきか、営業マンが自分以上に真剣になって考えてくれていると思えば、「私もしっかりしないと」と思うものです。人は自分のことを理解してくれる人、価値を認めてくれている人、立場や役割を理解してくれている人に信頼感や安心感をもち、深い関係性を築こうとするからです。

そうしてお客様と営業マンとの間で共有された当事者意識は、やがて相互理解へと深まって、信頼関係へと昇華します。お客様と営業マンがともに「当事者意識」を認識することは、信頼関係の構築へ向けた第一歩なのです。

そのような関係を築くためには、まずお客様の情報を整理し、知り尽くすことが大切です。そのためのツールはいまの時代、紙のノートである必要はありませんし、パソコンやタブレット上にデータとしてまとめてみるといいでしょう。お客様との歴史や背景、状況をすべて把握し、営業マン自身が当事者意識をもてるような、いわば「お客様カルテ」の作成を強くお勧めします。

お客様の情報を整理し、知り尽くす
高い当事者意識はそうして醸成され、お客様に伝わる

お客様が次回営業マンに会う「絶対的理由」

お客様とのアポイントは何件くらいが適切なのか、それはおそらく業種・業態などによって大きく異なると思いますが、営業マンにとってアポイントが生命線であることはどんな世界でも変わらない真理ではないでしょうか。お客様と会うことは、営業活動の本質です。

では、営業マンがお客様に「会いたい」と思ってもらうには、どうすればいいのでしょうか。人が誰かに会いたいと思うのは、どういうときなのでしょう。

私は、相手に対しておおよそ次のようなことを期待しているとき、人はその人に会いたいと感じるのではないかと考えています。

1 利益（経済的利益）を与えてくれる

2 安心感（精神的利益）が得られる

3　有益な知識や情報を提供してくれる
4　混乱していることを整理してくれる
5　とにかく元気にしてくれる
6　自分の話に耳を傾けてくれる
7　好意を抱いている

そして、お客様が会いたいと思う営業マンも、おそらく以上のいずれかの条件を満たしているはずです。それぞれ、個別に見ていきましょう。

1は、お客様が営業マンに会う理由として、最も典型的なものでしょう。お客様が営業マンに期待するのは、第一に経済的利益です。それを「確実に」与えてくれる営業マンだと判断したとき、お客様は営業マンとのアポイントに応じてくれます。

2は、営業マンに対するお客様からの信頼関係が成り立っている場合です。「何かお困りのことはありませんか」「私にできることがあれば何でもおっしゃってください」といったメッセージを常にお客様に対して発信できていれば、アポイントを取りやすくなります。

3と4は、お客様に対する営業マンの「お役立ち度合い」にかかわるものです。私はそれを「貢献指数」と考えています。

貢献指数は、お客様の抱える課題を解決した質量と、お客様に対して提供した情報・知識の質量に対応するはずです。そして、貢献指数はほぼ営業マンの実績に比例すると考えてよいでしょう。貢献指数が高い営業マンほどお客様の信頼も厚く、それが高ければ高いほど、お客様は積極的にその営業マンと会おうとして、むしろ会わないことに不安を感じます。

したがって、営業マンは常にお客様に対して良質なアウトプットができるよう、質の高いインプット（情報収集と知識習得）を心がけるべきです。

5は、人づきあいの基本ともいえますが、営業マンも人の子ですから、体調や精神的なコンディションによっては気分が沈みがちな日もあるでしょう。そのため、ある程度は意識的にそういう人柄を演出する必要もあります。ハキハキとした話し方や正しい姿勢、笑顔、そして適度な緊張感を維持したいものです。

この点について私が気をつけているのは、とにかく「ネガティブワード」を使わないこと。不思議なもので、否定的な言葉はネガティブな思考を増幅させてしまいます。逆に、無理をしてでもポジティブな言葉を発していると、そのうち思考まで楽天的で前向きなものに変わってくるものです。明るく肯定的な営業マンは、お客様にも歓迎されるはずです。

6もきわめて常識的なものですが、気をつけたいのは「聞きすぎない」ことです。というのも、お客様の話に黙って耳を傾け続けていると、そのうち悩みごとの相談が愚痴へと変わって、気がつけば「ネガティブワード」ばかりになってしまうというケースが少なくないからです。お客様の話が相談ごとから愚痴へと変わるようなら、途中で軌道修正してください。

その際のポイントは、お客様に課題の「解決」を意識してもらうことです。どうすれば解決するかという目的を見失った相談ごとは、ただ「困った」と足踏みしているだけの愚痴でしかありません。

7は感覚的な領域なので、一見、つかみどころがないように思えますが、要は「嫌われないこと」だと考えてください。言葉遣いや身だしなみ、姿勢、表情など、常に自分が「どう見えるか」を確認しましょう。

以上の7項目を意識すれば、アポイントが取りやすくなるはずです。

最後に一点、付け加えておきます。「次回のアポイントを取得する」という自分本位の感覚を捨て、「お客様に会いたいと思っていただく」という感覚を養いましょう。それがないと、次回の面談機会はなかなか得ることができません。

お客様に次も「会いたい気持ち」をもっていただきたいという思いをもって、お客様に対してヒアリングや情報提供をする。それは卑屈なことでもなんでもありません。アポイントは営業マンのためにあるものではなく、お客様のためにあるものなのですから。

お客様から「会いたい」と思ってもらえる理由をつくる

上司へのホウレンソウより　お客様へのホウレンソウ

「報告・連絡・相談（ホウレンソウ）」が社会人にとって基本中の基本であることは、あらためて言うまでもないでしょう。とくに、営業マンにとっては重要で、それは営業活動が基本的に他者とのコミュニケーションで成り立っているからです。

また、営業マンの実績は会社の業績に直結するため、進捗報告は経営にとっても不可欠ですし、万全なクレーム対応のためにも社内における情報の共有が欠かせません。何より、「相談」は営業マン自身のためであるだけでなく、お客様のために行なわれるものでもあります。そうした意味でも、「ホウレンソウ」は営業活動の根幹といってもいいでしょう。

ただし、ホウレンソウは会社や上司に対するものとはかぎりません。

かつてサラリーマンだったころ、私はホウレンソウに要する時間を意識的に配分していました。ざっくりとした考え方にすぎませんが、お客様に対する報告と連絡が全体の

70パーセント、上司への相談が20パーセント、上司や先輩に対する報告と連絡が10パーセントです。つまり、大半はお客様に対するホウレンソウなのです。

よほど特殊な仕事でないかぎり、営業マンがたった1件しかお客様を担当しないというケースはないので、営業マンにとってお客様はたくさんいるお客様の1件にすぎません。しかし、お客様にとって営業マンはたった1人の存在です。お客様にとって、自分の案件こそがすべてなのです。

したがって、お客様は営業マンとのやりとりの日時も内容も、はっきりと覚えています。そして、営業マンが考える以上に、お客様は自分の案件がどこまで進んでいて、どういう状況にあるのかを気にしているものです。適切な時期にホウレンソウが行なわれれば、営業マンに対する信頼感は一気に高まります。

逆に、それを怠ったとしたら、お客様との関係は間違いなく崩れ去ります。お客様は、営業マンが自分を軽視して雑に扱った証拠であると理解するからです。お客様に対するホウレンソウに齟齬《そご》をきたすということは、営業マンにとっての致命傷と認識しておいたほうがいいでしょう。

ホウレンソウの適切なタイミングや頻度は、当然、お客様の事情や営業マンとの関係性などによって異なりますが、参考まで、私が行なってきた標準的なケースを紹介しましょう。

新規のお客様の場合、私は面談の際に「宿題」をいただくことがあれば、遅くとも48時間以内には回答することを心がけていました。進捗報告は、1週間に1回が基本です。そして、案件が成立した際には必ずお礼の連絡を入れて、その後も3か月に1回は「何かお困りのことはありませんか」と、お客様の近況を尋ねるようにしてきました。さらに、1年に1回程度は私自身の近況報告も行なっていました。あくまで私の経験にもとづく感覚的なものですが、お客様に対するホウレンソウは「やや過剰かな」と思うくらい入念に行なうくらいが、ちょうどいいような気がします。

さて、お客様に対するホウレンソウの実践にあたっては、配慮すべき点があります。ふさわしい「手段」を把握することです。

たとえば、お客様のなかには電話でのやりとりが不得意な人もいます。一方、メールでの報告を味気ないと感じる人もいて、時間帯によって電話やメール、SNSなどの連絡手段を使い分けるべきお客様もいるでしょう。

ホウレンソウの内容についても、事務的な簡潔さを喜ぶお客様もいれば、経緯や状況を詳細に知りたいと考えるお客様もいます。つまり、お客様の数だけホウレンソウの手段がある、ということです。

お客様にとって営業マンはたった1人の存在
お客様にとってはその案件こそがすべて

お客様がどういう手段を望んでいるかは、おそらく考えてもわかりません。素直に尋ねてみても、決して失礼には当たらないと思います。どのような連絡手段で、どの程度のホウレンソウを希望するのか、お客様にしっかりと確認してください。ただし、当然ですが、尋ねていいのは1回きりです。

繰り返しますが、お客様にとって営業マンはたった1人の存在です。お客様にとって営業マンは「オンリーワン」なのです。オンリーワンとして「選ばれる営業マン」になるために、報告、連絡、相談を絶対に欠かしてはなりません。

#「One of them」にならない立ち位置を考える

保険業界にかぎらず、さまざまな業種の営業マンが頭を悩ませていることの1つに、いかにしてお客様との「接触頻度」を上げるか、という課題があります。

お客様とお会いする機会を増やすことで、他の商品やサービスを提供できる機会が増え、お客様との間の親密度も上がると誰もが考えていますし、事実そうでしょう。

しかし、一度買っていただくと、なかなかその後の顧客接点が生まれにくい商品も多く、私が扱ってきた生命保険は、その最たるものの1つといえます。

私の場合は、損害保険という商品も扱っていたので、事故や年に一度の更新でお客様との接点がありましたが、ふつうに生命保険だけを扱う営業マンの場合、加入していただいた後にお客様にお会いする機会などそうそうありません。多くの営業マンは「どうしたら既存のお客様に会えるのか」を考え、そのためにさまざまな試行錯誤をしています。そのようにしてこの課題に向き合っている営業マンを私はたくさん見てきました。

誕生日にバースデーカードや花を贈る。契約して1年後、3年後などの節目にフォローの手紙や電話をする。家族構成をきっちり把握してお子様のライフイベントなどに合わせて適切な情報提供を行なう。そして、それに合わせてご購入いただけそうな商品やサービスの情報も提供する――。営業マンなら誰しも一度はそのような経験があるはずですし、こうしたこまやかな行動も重要だとは思います。

しかしながら、どの企業でも顧客情報が蓄積され、多くの企業がデータベースマーケティングに取り組み始めているいまの時代、この手のことに多くのお客様が辟易している現状があることを、われわれ営業マンは看過してはいけません。

ちなみに、私はお客様にバースデーカードをお贈りしたことは一度もありません。そういうことが好きで、イベントごとを大事にされているお客様には電話をお入れすると決めていました。もちろん短い会話で終わりますし、忙しい方であれば出ていただけないこともありますが、総じて気持ちや思いをお伝えできていると思います。

私がお客様の特別なイベントに際して心がけてきたのは、「One of them」になってしまうかかわり方だけはしないようにしよう、ということです。

ビジネスで忙しい方、重職にある方であればあるほど、営業マンに対して割ける時間は少なくなりますし、ふつうのことをしていては、多数の営業マンのなかで自分が埋もれてしまう可能性は高くなります。そう考えて、自分が「One of them」にならないよう、必ずお客様の印象に残る方法、お客様に喜んでいただける方法、お客様が興味をもってくださる接触方法を考え、実行していました。

お客様にとって特別なイベントであればあるほど、自分自身の存在がお客様から見て埋もれないようにすること。それが、営業マンの「お客様のイベントに対しての立ち位置」であり、とるべき行動だと思います。

では、それを正確に行なうためには何をすればよいのでしょうか。私は「情報収集」に尽きると思います。

お客様の趣味嗜好、価値観、時間に対しての考え方を把握し、その方の暮らしや仕事の1日のサイクルや月のサイクル、季節内でのサイクル、1年のサイクルなどもインプットすることです。

多くの営業マンは家族構成、勤務先など一義的、表面的な情報収集はしますが、もっと深い、重要なことを見落としているように思います。大切なのは、「どうしてその仕事に就いたのか」といった、その方の価値観がわかるようなことをお聞きしたり、家族構成だけでなく、それがどのようにしてできあがってきたのか、どういったことをご家

「深いところまで情報収集し、「ひと味違う」アウトプットをする」

族でなさっているのかといった具合に、表面的な事実に留まらず、その事実がどのようなことに起因しているのか、目線を深いところに向けて、情報収集することだと思います。

他の営業マンと同じことをしていては、同じ結果しか出せません。他の営業マンと違う情報収集のあり方を考え、その情報をもとに、お客様の特別なイベントに「One of them」にならないアウトプットをすることです。

よく考えれば当たり前のことです。失敗をしたくないから、他の営業マンがしている方法を同じようにしてしまうのでしょう。そうではなく、「ひとひねりしたこと」「ひと味違うこと」を的確に行なうことが、選ばれる営業マンになる秘訣だと思います。

PART 2

勝ち続ける営業マンが大切にしていること

「学ぶ」こと以上に大事な「考える」こと、「感じる」こと

詳しいことはわかりませんが、ビジネスについて、現代につながるような学問的なアプローチが本格化したのは、おそらく産業革命以降のことでしょう。資本主義経済の発展とともに研究も進んで、やがて現実のビジネスが高度に複雑化すると、学問も細分化されてより精緻な研究がなされるようになっていったはずです。

そうしたなかで、学問的な研究がほとんどなされなかったほとんど唯一といってもいい存在が、「営業」だったのではないでしょうか。大学時代に「営業学」や「営業論」を学んで営業マンになった、という人を私は1人も知りません。それは、営業という仕事が属人的で、体系化しにくい分野だからでしょう。経営学やマーケティングは成り立っても、営業は学問として成立しにくい特殊な事情を抱えているのです。

そのあたりの事情を最もよくわかっているのは、実はわれわれ営業経験者かもしれません。営業の現場を少しでも経験していれば、座学だけで売れる営業マンになれるわけ

がないことを知っています。世の中には、営業マンを対象としたさまざまな研修プログラムがありますが、それさえ学べば売れる営業マンになれるという便利なメソッドもテクニックも存在しないのです。

しかしながら、営業マンは何も学ぶ必要がないと考えるのは早計です。つまり、「学ぶ」だけでは不十分なのです。私は、それに「考える」「感じる」という要素が加われば、営業力は必ず向上すると実感しています。

「学ぶ」とは、知識や情報を得るということです。読書はもちろん、仕事に関係する資格試験を受験するのもいいでしょう。かつて学校で勉強した教科書をあらためて読み直してみるのもすばらしい。われわれは「学ぶ」ことによって、ようやく営業マンとしてのスタートラインに立つことができます。

次に、「考える」とは学んだものを応用する力ととらえることができます。営業活動においていえば、見込み客を見つける→アプローチ→プロセスを組み立てる→クロージング→アフターフォローという一連の流れのなかには、さまざまな選択肢があります。そのうち、お客様にとって何が最善なのか、どうすれば最も効果的なのかを適切に取捨選択する能力を磨くということです。

私が「考える」精度を上げるために意識しているのは、「リスク」の存在です。初めから最善手を探すのではなく、考え得るリスクを1つひとつ排除していって、いわば消去法で最善手にたどり着くわけです。日常的にそうした思考法を訓練すれば、営業活動にも必ず活かすことができます。

3つ目の「感じる」とは、五感を研ぎ澄ますということです。さらにいえば、どうしてもオカルトめいた響きがともないますが、俗にいう「第六感」のような感覚についても意識したいところです。

言うまでもなく、五感とは触覚、嗅覚、味覚、聴覚、視覚を意味します。なぜ、五感が営業マンにとって大切かというと、それらの感覚がお客様の意思決定を左右しているからです。

単純な例ですが、飲食店でメニューを選ぶとき、われわれは味覚の記憶を呼び覚ましたり、視覚や嗅覚、ときに聴覚によって得られた情報をもとにして意思決定を行ないます。服を買うときは視覚と触覚を使い、クルマを買うような重大な決断の際は五感を総動員するようなつもりで意思決定を行なうものでしょう。五感とは、意思決定の際の潜在的な判断基準なのです。

そうした感覚を研ぎ澄まし、多様な情報を捕捉することができれば、それだけ多様なお客様の判断基準を理解し、共有することにつながります。お客様の「琴線」が感覚的に理解できるわけです。

加えて、ある種の「勘（第六感）」が働けば、お客様の満足度が高まります。これについてはいわく言いがたいものがありますが、ちょうど気になっているときに営業マンから連絡が入ったり、買おうかなと思っている商品を勧められたりするような、縁や巡り合わせといっていいのかもしれません。

営業マンの能力は、学び、考え、感じることによって、間違いなく向上します。

何から学び、何を考え、何を感じるべきか。私は以上のようにとらえてきましたが、もちろんみなさんはみなさん自身で自分に適した方法で取り組めばよいと思います。ただし強調しておきたいのは、営業マンはどんな仕事に就いている人よりも、毎日これについて真剣に悩み、内容と方法を考え、実践すべきだということです。営業マンが仕事で対峙するのは人であり、人とは多種多様で、多様な価値観の持ち主だからです。

学ぶだけでは足りない
考え、感じることで営業マンの能力は向上する

営業マンは、営業を受ける体験を増やすべき

我以外皆我師──。

「われ以外、みなわが師」と読みます。剣豪・宮本武蔵の言葉ともいわれますが、実は作家・吉川英治の造語だそうです。「自分以外のすべての人に学ぶべきことがある」という意味で、いつのころからか、私も肝に銘じてきました。

経験も知識もないまま保険業界に飛び込んで代理店を創業した私は、営業マンとしての基本を誰かから体系的に教わるということがありませんでした。とにかく自分以外はみなお手本だと思って、「いいな」と感じた振る舞いや言動を真似しようと、必死に周囲を観察したものです。優秀な実績を残している営業マンはもちろん、どんな営業マンにも学ぶべきことはあって、さらには営業マンにかぎらず、まさに「我以外皆」にヒントがあります。

たとえば、朝、出勤前に立ち寄るコンビニにはアルバイト店員がいます。オフィスに

は、毎朝、始業前に顔を合わす清掃員がいて、デスクワークをしていても宅配便の配達員や飛び込みで訪れてくる営業マンと接する機会がある。食事に出かければ、レストランのスタッフのサービスを受けます。このように、あまり意識していないだけで、われわれは日常的にさまざまな立場の人と接し、サービスを受けています。そのすべてが、営業マンにとっては「お客様の立場」を経験できる貴重な機会なのです。

そういう意識であらためて観察してみると、人との接し方は千差万別です。接客業でありながら挨拶すらできない人もいれば、思わず感謝したくなるほど清々しい笑顔の人もいる。服装や姿勢、話すスピード、声の大きさ、モノの渡し方など、気になるところはいろいろあって、お客様が商品やサービスを提供する側の人をどう見ているか、ということに思いいたります。つまり、営業マンの立場しか意識していなければ、気づかないことがあるのです。

おそらく、飲食店を新規開業するオーナーは、内装工事が完成するとすべての客席に腰を下ろしてみるはずです。そして、すべての客席から見える景色を確認し、テーブルの高さや椅子の座り心地、隣席との距離、空気の流れにいたるまで、とにかくお客様の目線や居心地を体験してみるはずです。さらに、近隣にライバル店があればお客様のふりをして訪れ、料理の味や接客態度などを確認するでしょう。そうしてお客様の立場を味わってみるから改善すべき点にも気がつき、取り入れるべき他者の長所も発見できるわけです。

ところが、営業の世界ではあまりそういった試みがなされていません。あえて同業者のサービスを受けてみるような営業マンは、そう多くないのではないでしょうか。お客様の気持ちがわからないと思ったら、自分がお客様になってみることです。

お客様が通常経験していることとまったく同じことを自分が経験するチャンスは、日々の生活のなかにたくさんあります。お客様の体感、体験を共有するだけでも、お客様目線の価値観を理解することにつながるのです。

日々の、自分が「お客様」になる経験を無駄にしない

学歴は過去の栄光、学問は未来への価値

いま振り返ってみると冷や汗が出そうなのですが、私は知識も経験もないまったくの素人として保険業界に飛び込んだため、当初はずいぶん非常識なことをしていました。その最たるものが、先輩の営業活動に同行したことです。しかも、同行を許してくれた先輩のほとんどが他社の営業マンだったのですから、われながら図々しさに呆れてしまいます。自己弁護をすれば、それだけ必死だったともいえるわけですが、自分にとっては何の利益にもならないにもかかわらず、そんな若造に同行を許してくれた先輩たちには、いまも感謝の気持ちでいっぱいです。

彼らはみな個性が強く、強面《こわもて》でしたが、誰1人例外なく「お客様ファースト」でした。とにかく、どんな場面でもお客様にとっていいか悪いかしか考えていないのではないかとさえ思えるほどで、すぐれた営業マンとはそういうものかと思ったものです。

もう1つ、共通点がありました。たいへん失礼ながら、「学歴」にまったくこだわっ

ていなかったことです。

そのころに出会った先輩たちにかぎらず、私はその後も業界を問わず、さまざまな業界のトップ営業マンにお会いしてきましたが、どういうわけか一流の学歴をもつ営業マンはほとんどいませんでした。

弁護士のように難関試験を突破しなくても営業マンにはなれるので、そうした特殊な職業に比べれば、そもそも営業職に高学歴が少ないという傾向はあるのでしょう。しかし、一流大学を卒業して営業マンになった人は、それこそ掃いて捨てるほどにいます。にもかかわらず、各業界でトップ営業マンとされる人たちを見ると、なぜか高学歴が少ない。それは、営業という仕事がひたすら「現実」と「未来」に対峙し続けるものだからではないかと考えています。ちなみに私は大学を中退しています。

国家公務員など、一部にはいまも学歴がものを言う世界が残っているのかもしれませんが、多くの業種・業態ではすでに昔ほど学歴は重視されなくなってきました。それでも、学歴を鼻にかける人がいます。それはおそらく「現実」と対峙せず、「未来」から目を背けようとしているからでしょう。私が思うに、学歴とはあくまで「過去の話」です。

たしかに、「過去」に浸っていると気分がいいはずです。たとえいま努力しなくても、過去は確定したまま変わらないからです。しかし、「未来」はそうはいきません。いまをどう生きるかによって、その姿は大きく変わってしまう。それが「現実」なのです。

そして、営業という仕事はまさに現実と対峙しながら未来へ向けて価値を創造していくものです。未来へ向けてお客様の役に立つ価値を創造できないなら、どんな名門大学を卒業してもまったく意味がない。

もちろん、営業マンも過去に学ぶべきことはあります。歴史や知識や知恵、経験に目を向けることは無意味どころか重要なことですが、未来に価値を創造するうえで、学歴や過去の実績は障害になりこそすれ、何ら役に立たないことだけは認識しておいたほうがいいでしょう。

過去と他人は変えられない。自分と未来は変えられる――。

私の座右の銘です。

いまもスーツの襟裏にこの言葉を縫いつけて、自分への戒めとしています。

自分と未来は変えられる
営業とはひたすら「現実」と「未来」に対峙し続ける仕事

自己否定と自己肯定の最適のバランス

いまでもときどきセミナー講師を依頼されて、営業関係者を対象とした講演会でお話をする機会があります。

「生まれつき営業マンとしての才能がない人なんていない」

そう私の信条をお話しすると、講演会が終わった後、たいてい「自分はそうは思わない」と反論する人がいます。「営業マンには、生まれもったセンスが必要だ」「運のいいやつにはかなわない」と、経験を踏まえた実例を挙げて、営業という仕事に向き不向きがあると主張するのですが、そう思い込んでいる人が営業マンに向かないことは、私も認めざるを得ません。他人の声に耳を傾けようとしない頑迷さは、営業マンとして致命的な欠点です。ただし、そうした先入観を払拭できるのなら、その人たちも一流の営業マンに変わることができます。

私が営業の「才能」を信じないのは、かくいう私自身がそうした才能に恵まれなかったことを痛感してきたからです。保険業界に飛び込んで数年で「生保・損保二冠王」といわれるような成績を残すことができたのは、私が天才だったからではありません。凡人であることを自覚して、お客様に選ばれるために、私なりに努力と工夫を重ねてきた結果でしかありません。

とはいえ、当然ながら、私にも思うような成績が残せないどん底の時期がありました。何をやってもうまくいかないスランプも経験しました。自分の才能を否定したくなる気持ちもよくわかるのですが、それは認めたくない「不都合な真実」から目を背けたいからではないでしょうか。自分に原因があるから売れない、という真実です。

営業マンの成績は、先天的な才能や運に左右されるのではありません。売れることにも売れないことにも、必ず理由があります。そして、その理由の大部分は自分にある。売れないのは自分の努力や工夫が足りなかったからであって、逆に売れたとしたら、それは自分の努力や工夫が適切だったからなのです。つまり、「選ばれる理由」は、営業マン自身がつくり出すことができるということです。

私は、そうして冷静に事実を認識することこそ、営業成績を向上させる唯一の道だと考えています。自分の成績や状態をできるだけ客観視して、自分の言動を検証し、適切なものと不適切なものをしっかり見きわめるのです。そのとき意識すべきことは「自己否定力」と「自己肯定力」のバランスです。

「自己否定力」も「自己肯定力」も、過度に悲観したり、楽観しすぎることなく、正しく自己否定（自己肯定）することと理解してください。

たとえば、スランプに陥ると「もう二度と契約が取れないのではないか」とネガティブに考えてしまい、行動が消極的になって、ますます売れなくなるという負のスパイラルにとらわれがちですが、それは正しい自己否定とはいえません。悪いことが永遠に続くことなどあり得ないのと同様に、自分という存在のすべてが100パーセント悪いことなど、あり得ないからです。

結果が出ない場合、自分の言動を慎重に振り返ってみると、必ずどこかにその理由が見つかります。自分の全人格を否定するのではなく、その悪い部分だけを否定すればいい。それが私のいう「自己否定力」です。

一方、その裏返しが「自己肯定力」と考えられますが、私の経験則から言っても、こちらは「自己否定力」よりやや扱いが難しいかもしれません。というのも、われわれは好調な状態が続くと、その冷静な分析を怠りがちだからです。「おごり」や「慢心」による弊害が生じるわけです。

そうした油断を防いで正しく自己を肯定するには、成功事例にとらわれて、それをパターン化したり、そのまま踏襲《とうしゅう》しようとは考えないことです。肯定すべきは、「成果を出した」という事実です。そして、それを再び実現するために自己を肯定する。自分は「やればできる人間だ」という側面を肯定するのです。

すぐれた実績を残す営業マンの多くは、「自己否定力」と「自己肯定力」を上手に発揮して、適度なバランスを保っているものです。そして、正しい自己肯定によりお客様への感謝と自信を確認しながら、同時に自己否定を重ねることによって、さらなる高みへ登っていくわけです。

自画自賛もダメ、自己嫌悪もダメ。営業マンに必要なのは適当に自分を褒める力と、失敗を適切に反省する力です。楽観も悲観もせず、そして慢心することなく、謙虚な心で事実を認識・分析して成果、成功へと自分を導いていきましょう。

「売れることも売れないことも、理由は自分にある「否定」と「肯定」の繰り返しで冷静に事実をつかむ」

とらわれてはいけない「4つの魔物」

本項では、これまでより少し大きな話をします。営業マン個人のスキルやノウハウに直結するものではありませんが、営業マン1人ひとりが自分のこととして考えるべきテーマです。

営業マンにかぎらず、われわれビジネスパーソンはみな必ずどこかの「業界」に属しています。自分が属している業界のことなど、ふだんは考えもしないでしょう。ところが、不思議なもので、1つの業界で長く過ごしていると、いつの間にかその業界の色がつきます。自分でも気づかないうちに業界の常識がスタンダードになって、顔つきまで変わってくる。

以前、何かの本に書いてあったのですが、長年にわたって同じ業界で働き続けると、たとえば銀行マンは金融業界人らしい顔つきになり、広告マンは広告業界人らしい顔つきになる、という研究結果が出たそうです。真偽はよくわかりませんが、なんとなく納得できるような気もします。

業界の色がつくということは、その業界に必要な知識やルールを身につけて一人前になる、ということでもある。そのため、そのこと自体、私は悪いことだとは思いませんが、気をつけたいのは、その業界の「常識」に対して疑問を抱かなくなることです。

たとえば、保険業界で行なわれてきたことのなかに、世間から見ると特殊な習慣があったとします。それが保険業界に特有の習慣で、必ずしも世間の常識とは一致しないということを認識していれば問題はありませんが、「そういうものだ」と思っていると、お客様との間に摩擦を引き起こす原因ともなりかねません。

そうした意味で、ほとんどすべての業界には、決して盲従してはならない「4つの魔物」が住んでいます。

1　過去の慣習
2　既成概念
3　業界文化
4　古い成功事例

以上の4つです。

私は保険・金融業界で長い間、生きてきましたが、幸いなことに「4つの魔物」が戦うべき相手であることを認識してきました。それは、私がこの業界に飛び込んだとき、業界のイロハも知らない素人だったからです。それゆえにずいぶん失敗もしてきましたが、当初から「なぜ、こんな非効率なことをしなければいけないのだろう」と、疑問を感じることも少なくありませんでした。そのことは、保険・金融業界が他業界に比べて監督官庁の強い統制のもとにあり、法律面でもさまざまな規制に取り巻かれていたという特殊な事情が大きく関係しています。

ただ、そうした事情を考慮しても、私が当初から反発を感じていたのは、この業界にお客様サイドからの発想が薄いことでした。お客様にとっての利便性より、業界の悪しき「慣習」が優先するような印象が強かったのです。私は、まさにその点にビジネスチャンスを見出したわけですが、もしみなさんも業界にお客様ファーストとはいえないような悪しき「慣習」を発見したら、恐れることなく排除してください。

また、「既成概念」ほど営業マンの思考や行動を制限するものはありません。その多くは封建的、保守的、閉鎖的な業界の「慣習」からきており、だからこそ、営業マンは常に民主的、革新的、開放的な思想、思考にもとづき行動しなければなりません。

すべてはお客様の利益という観点からゼロベースで見直すべきですが、気をつけたいのは、「慣習」も「既成概念」も「業界文化」も「古い成功事例」も、古いものは単に破壊すればいいと安易に考えないことです。どんなに古くさく思えるものにも、長年にわたって尊重され、定着してきたということには、それなりの理由があるはずです。過去から踏襲されている「よい慣習、よい事例」を馬鹿にしてはいけません。そのなかにも未来の成果、成功のヒントは多く隠されているのですから。

そうした事情をまったく考慮せず、とにかくすべてを破壊しようというのは、単なるトラブルメーカーです。お客様のためにもならないでしょう。

お客様は、「いままでつきあってきた営業マンとは違う」「話が通じる」と感じた営業マンを選びます。それは、業界の常識を踏まえつつ、業界っぽさを感じさせない営業マンと表現できるのかもしれません。

「業界の常識」に疑問を抱かなくなってはいないか、自問する

上質のアウトプットをするには上質のインプットをするしかない

お客様に選ばれる営業マンとは、お客様から頼られる営業マンでもあります。どうすれば、お客様から頼られる営業マンになれるのでしょうか。

「必ず約束を守ってくれる」「相手の利益を第一に考えてくれる」といった信頼感や人柄の爽やかさ、清潔感といった人格的魅力も大事ですが、忘れてならないのは情報源としてのお役立ち感です。「常に役立つ情報を提供してくれる」「彼の判断なら信じて間違いない」と、営業マンの情報力や判断力が評価されれば、お客様はその営業マンを必ず頼りにするはずです。

そうした能力は、一種の「アウトプット力」といえます。お客様にとって有益な情報や知識を、いかに適切にアウトプットできるか。そのためには、筋のいいインプットが不可欠です。つまり、上質なアウトプットは上質なインプットなくしてあり得ないといえます。

では、上質なインプットとは、どういうものなのでしょうか。
私は、次に挙げる「5つの識」を身につけることだと考えています。

・常識
・知識
・博識
・意識
・眼識

なかでも、最も重視すべきは「常識」です。常識こそ、その他の「識」を身につけるうえで土台となる要であるからです。私が思うに、営業の世界でいう常識とは道徳や真実のことです。

「常識」を身につけるために必要なのは、手本とすべき上質な「常識者」と過ごす時間ではないでしょうか。多くの場合、それは人生の先輩だろうと思いますが、人格的にもすぐれた「常識者」と接することにより、身近にその振る舞いを学び、何気ない話のなかから身につけるべき規範を学ぶことができます。昔ふうな表現をすると、そうして立派な人に感化されることを「薫陶《くんとう》を受ける」といいます。

基礎となる「常識」が備われば、自然と上質な「意識」が醸成されます。やがて、その意識が上質な「知識」「博識」「眼識」を導くのです。

もちろん、一朝一夕にインプットの質を高めることはできませんが、そうした目的意識をしっかりともっていれば、徐々にではあっても実現するでしょう。ただし、実はそれを習慣化することのほうが重要です。上質なインプットを継続することこそ、上質なアウトプットの基本であることを忘れないでください。

上質なインプットの土台は「常識」である

素直に人の真似をしながら独自性を出すということ

職業というものについて一度でも真剣に考えたことがあれば、「もし違う仕事をしていたら」と、現実とは違う別の人生を想像してみたことがあるのではないでしょうか。実は、自分にふさわしい「天職」があったのではないか、別の仕事なら自分の隠れた才能が引き出されていたかもしれない……。

他愛のない空想に過ぎないのかもしれませんが、自分のポテンシャルを肯定的に見つめ直すという意味で、少しは意味のあることなのかもしれません。

私なら、どうだったか。もちろん、何の根拠もない空想と笑っていただきたいのですが、おそらく私はどんな業界に飛び込んでいたとしても、「ある程度」の実績は残してきただろうと思います。保険業界で私が実践してきたように、優秀な先輩をベンチマークとして、その仕事術をよく観察し、徹底的に真似したはずだからです。

正確に真似をすれば、誰でもその先輩と同程度の実績は残すことができるはずです。

ただし、それ以上の突き抜けた実績を残そうとすれば、独自の手法やノウハウを創造することが欠かせないため、その試みが成功するかどうかはわかりません。「ある程度」というのは、そういう意味です。

どんな業界においても、そして営業にかぎらず、どんな仕事であっても、トップクラスの成績をめざすのなら、まずは成功している人の真似をすべきです。それが実現できないうちは、「自分らしさ」なんてどうでもいい。自分を殺してでも、とにかくベンチマークした人物をトレースしてみることです。人の真似こそ成功への近道だというのが、私の持論です。

私が保険業界に飛び込んだとき、業界の常識も慣習も知らない素人だったことは、すでに何回かお話ししてきましたが、そのことを痛切に自覚していた私は、そのまま見よう見まねで仕事を続けても、たいした成績は残せないことに気づいていました。いまでも覚えていますが、代理店を開業した初月の売上はたったの8万円でした。

自分なりに工夫して、努力もしたつもりでしたが、売上はいっこうに伸びず、借金ばかりが増えていきます。一番苦しかったころは、借金の返済期限が迫ると別の会社から借りて返済するという自転車操業状態で、いつ破綻してもおかしくない状況にまで追い込まれました。

そうした危機から抜け出そうと必死にもがいていたとき、私は勝負に出る覚悟を固めました。それまでの延長線上で頑張っても打開策は見出せなかったため、いったん自分のやり方をリセットして、変えてしまおうと思ったのです。でも、どう変わればいいのかもわかりません。

「じゃあ、聞いてみよう」

そう開き直って、とにかく優秀な営業マンに会って直接、話を聞き、そうした先輩たちのやり方を徹底的に真似てみようと思ったのです。さまざまなルートで紹介していただいた優秀な営業マンと会い続け、3か月間くらいは仕事もしませんでした。結局、40人くらいと会ったでしょうか。

その後、どうにか私が危機を脱することができたのは、そのとき教えていただいたテクニックやノウハウを忠実に真似ていったからです。実際、真似をしていると徐々にお客様が増え、次々とキーマンを紹介していただく好循環が生まれました。それでも結果につながらない場合は、そのやり方が悪いのではなく、やり方を正確に再現できなかった私の力不足が原因だと考えて、より正確に真似するよう努めました。いま思えば、そうしたプロセスも私の営業力を向上させたはずです。

ところが、そうして人並みに成績が出せるようになり、やがて人並み以上に伸びていくと、また私は転機を迎えます。他人の真似をしていても、他人と同じ程度の結果しか残すことができません。他人がやらないことをしなければ、抜きん出た実績にはつながらないことを日々、実感するようになったのです。

それ以来、私はそれまでとはまったく発想を変えて、他の営業マンがやらないこと、まだ気づいていないことをしようと意識するようになりました。

振り返ってみれば、そうしてオリジナリティを追求するようになったことが現在の事業に直結するわけですが、たとえばあえてある特定の職業の、富裕層の人とおつきあいしなかったことも、ある種の「逆張り」といえるかもしれません。そのきっかけは、すでにお話しした通りですが、保険業界ではその職業の方たちを上客と見ていて、誰もがアプローチしたがる激戦区です。

しかし、理由はともかく、私はそんな激戦区に参入するくらいなら、私を必要としてくれるお客様のために時間と労力を使ったほうが、仕事の効率も高まるのではないかと考えました。そうして人とは違うことをやろうと意識し、実際にそれが好成績につながるようになると、人真似をしていたころとは次元の異なる大きな成長を感じるようになりました。

芸術の世界が顕著ですが、何ごとも基本を完全にマスターしないかぎり、独自の境地には達しないものです。子供の落書きにしか見えないような抽象画を描く画家が、実は驚異的なデッサン力を身につけていた、というのはよくある話です。音楽とも思えないような不協和音ばかり演奏するジャズミュージシャンが、実はクラシック音楽の名手であったりするわけです。

まずは、成功した先人を観察し、徹底的に真似ること。これが、独自性にいたる最も確実な近道です。

素直に成功者の真似をできる人に、創造性は備わる

「打席数」「打率」「単価」のどれを上げるべきか

保険というのは特殊な商品で、数百円から億単位まで、お客様のご要望に合わせて単価を自由に設定することができます。考えてみれば当然なのですが、それほど大幅に単価が変わる商品は、他にあまりありません。

そうした商品を扱ってきたからか、私は営業成績を検証するとき、必ず数式で考えるようにしてきました。

営業マンの成績は、多くの場合、次のような数式で計算できます。

営業成績＝「見込み客数」×「成約率」×「単価」

つまり、営業成績を左右するのは「見込み客数」「成約率」「単価」の3要素であり、そのいずれか1つでも上がれば、営業成績も上がるわけです。

「見込み客数」とは、野球でいえば打席数のことです。宝くじが買わなければ当たらないのと同様、バットを振る機会がなければ安打は生まれません。打席に立つ回数が多ければ多いほど安打のチャンスも増えるわけで、当然ながら、営業成績の底上げに不可欠な要素です。

しかし、「成約率」を高めることができれば、「見込み客数」が増えなくても営業成績は向上します。もうお気づきでしょうが、「成約率」は打率です。仮にみなさんが10割バッターになれるのなら、見込み客数を増やすことに労力を費やすのは、あまり効率的とはいえない努力かもしれません。

一方、営業マンの裁量ではどうにもならないのが「単価」ですが、保険営業のような特殊なケースでは、お客様のご要望次第でいくらでも自由に設定することができます。したがって、他の営業マンと比較して「見込み客数」「成約率」に大差がなくても、「単価」が高いお客様が多い営業マンほど、営業成績は高くなる。すでにお話ししたある職業の「富裕層」が激戦区なのは、そういう理由です。

このように、「見込み客数」「成約率」「単価」のいずれかを上げることができれば、営業成績も上がります。もちろん、すべてを向上させることができれば理想的ですが、まずは自分が最も得意とする要素から上げていくべきです。

とはいえ、ほとんど経験のない営業マンがいきなり「単価」を上げようとしても、まず無理です。最初は「見込み客数」を増やすのが、成長のセオリーでしょう。その段階では「成約率」も高くはないはずですから、「見込み客数」を増やすしかない。とにかく足を使って、汗を流しましょう。

そうして「見込み客数」が増え、アポイントも1週間に15件という目標が安定的に実現できるようになれば、次に注力すべきは「成約率」です。野球の打率と同様、「成約率」を高めるには技術面での成長が不可欠で、とくに話し方や提供する情報・知識の充実度が問われます。私の場合、かぎられた時間のなかで、いかに「コミュニケーションの密度」を高めるかを考えてきました。

その詳細は後述しますが、「コミュニケーションの密度」が高まれば、「成約率」だけでなく、他のお客様の紹介にもつながりやすくなります。つまり、打席数と打率がともに向上すると考えていいでしょう。

そして、最後に取り組むべき要素が「単価」の向上です。営業マンの裁量ではどうにもならない場合が少なくありませんが、保険営業のように、ある程度、自由に設定できる商品・サービスでも、そう簡単には上がりません。「単価」を上げるためには、他の営業マンには提供できないメリットが提供できるなど、誰も真似できない「特別感」が必要です。一種のキラーコンテンツです。

もし、そうした「特別感」が提供できる営業マンになれれば、営業成績もひと握りの営業マンしか到達できないレベルに突入します。もはや見込み客を探す必要はなくなって、「成約率」も10割に近づくでしょう。

まずは、「見込み客数」「成約率」「単価」を日々の営業活動で常に意識してみましょう。好調時、不調時があるなかで、「見込み客数」「成約率」「単価」のうち、「いま何を上げるべきか」を考えられないと、継続的成果を上げる営業マンにはなれないのです。

「見込み客数」「成約率」「単価」いま上げるべきはどれかを常に考える

「コミュニケーションの密度」を高める6つのポイント

お客様とのアポイントが、その後、成約に結びつくかどうかは、面談の時間をいかにお客様にとって有意義で有益な時間にできるか、にかかっています。私は、お客様との「コミュニケーションの密度」を高めることによって、それは実現できると考えてきました。

「コミュニケーションの密度」は、次の6つの点で、その濃淡が決まります。

1　伝達する情報の質が高い
2　お客様のウォンツに一定レベル以上、応えている
3　お客様が楽しさを体感している
4　お客様との一体感が共有できている
5　何かを創出することをベースとした話ができている

6 話していることのテーマが双方にとって明確になっている

以下、それぞれについてお話しします。

1の「情報」とは、第一に商品知識です。ですが、お客様にとって本当に必要な情報が商品知識とはかぎりません。また、商品に関する情報のすべてを正確に暗記していなくても、スマホさえあれば簡単に正しい情報を呼び出すことができます。

新聞やテレビではなく、関係者から直接、仕入れた一次情報や実際に現地に足を運んで見聞したことなど、自分でなければ提供できない上質な情報を心がけるべきです。場合によっては、自分の人脈のなかからお客様にキーマンを紹介するようなことも、一種の情報提供と考えていいでしょう。

2は、難題です。営業マンが1人で正確に把握するのは、ほとんど不可能に近い。ならば、お客様に聞いてみることです。実際、私はお客様にアンケートを実施して、私に対する率直な評価を調べるようにしていました。

ただし、お客様と私が直接、やりとりするようなアンケートでは、お客様の本音を引き出すことはできません。そうした調査を請け負うマーケティング会社のサービスを利用するなど、第三者を介して行なうといいでしょう。最初は、そのアンケート結果に深刻なショックを受けるはずですが、厳しければ厳しいほど、その指摘を改善した場合の効果は大きいと受け止めてください。

3も難題で、2と同様、アンケートを実施して把握すればいいでしょう。しかし、2と違うのは、お客様の感覚と自分の感覚がズレていて当然と割り切ることです。お客様にとって楽しい趣味の話も、自分にとっては理解不能な話でしかないかもしれない。もちろん、その逆も同様です。

したがって、必ずしも楽しさを共有することはできないと割り切ったうえで、できるだけ広い範囲に情報の網を広げることをお勧めします。もちろん、それぞれ浅い知識で十分。私は、経済誌や男性誌、女性誌、ファッション誌、子供雑誌にいたるまで、とにかく雑誌に目を通すようにしていました。お客様との接点を増やすことを意識してください。

4は、お客様との認識がある程度、重なり合わなければ実現できないため、3ほどクールに割り切るわけにはいきません。ポイントは、お客様が抱える問題点を率直に聞き出すことです。そして、問題意識を共有し、その解決に向けて協力する。お客様と営業マンがパートナーとして問題解決に向けて取り組むとき、双方が一体感を共有することになります。

5は、アポイントを単なる雑談で終わらせないということです。これについては苦い思い出があります。

まだ社会的な地位のあるお客様が少なかったとき、上場企業の経営者に連続して3回もアポイントをいただくことができました。ところが、どういう話をすればいいのかもわからず、なんとなく雑談の延長のような話に終始してしまいました。それでも、なんとかして関係を維持したかった私は4回目のアポイントをお願いしたのですが、「君と会う時間はもうないよ。もう少し勉強してからまたおいで」と、断られてしまったのです。貴重な時間をいただきながら、私はお客様に対してめぼしいメリットを提供することができなかった、というわけです。

お客様とのアポイントに際して、営業マンは必ずお客様にとって有益な「カード」を準備しておくべきです。

6は、話のプロセスをお客様と共有して、それを相手に印象づけるということです。営業マンはプロセスより結果が大事だ、と思われるかもしれませんが、私は結果と同じくらいプロセスも大事だと思ってきました。

たとえば、何回かアポイントを重ねても成約にいたらなかった場合、それまでのプロセスも無駄だったと切り捨ててしまったら、お客様との関係がそこで切れてしまいかねません。しかし、残念ながら、成約にいたらなかったとしても、その過程では双方が貴重な時間を費やし、互いのメリットを創出しようと努めてきたはずです。そのプロセスをお客様と共有することで、信頼関係は維持されます。

私は、お客様とのアポイントの1つひとつについて、必ず記録を残すようにしてきました。議事録のようなものです。それをお客様に提供することで、アポイントのテーマを共有することができます。

以上の6点は、お客様との面談に際して常に意識すべきものばかりです。いずれも疎かにせず「コミュニケーションの密度」が高まれば、お客様との成約にいたるだけでなく、次のお客様の紹介にもつながるはずです。

「お客様とのコミュニケーションの密度（深さ）」×「お客様と過ごした時間の長さの面積の大きさ」が、お客様からの信頼の容積となります。それが大きければ大きいほど、お客様の営業マンへの認識度、認知度、そして思い出す回数も増え、契約関係が長くもなり、ご紹介をいただく可能性も高くなるのです。

選ばれる営業マンは「コミュニケーションの密度」を意識する

売れる営業マンはお客様からどう見えるか

「売れる営業マンだと思われたら、お客様から警戒されませんか」

ときどき、そんな質問を受けることがあります。しかし、いまだに私はこうした質問の意図が理解できず、困ってしまいます。

おそらく、質問の主の頭の中では「やり手の営業マン」＝「口がうまい」＝「お客様が乗せられる」＝「不必要な出費を強いられる」といった図式が成り立っているのではないでしょうか。たいへんに心外な誤解です。

そもそも、お客様は相手から名刺を受け取った時点で、目の前にいる人間が「何かを売る人」であると認識しています。そのうえで、信頼できる相手かどうかを見きわめるわけですが、その判断材料として「売れる営業マンかどうか」はかなり重要なポイントです。いつも行列ができて繁盛しているラーメン屋さんと、閑古鳥が鳴いているラーメン屋さんとで、あなたがお客様ならどちらに興味をもち、どちらを選択しますか？ 言うまでもないことです。

ほとんどのお客様は、売れている事実を「頼もしい」と感じこそすれ、決してマイナス要素とは受け取らないのではないでしょうか。私なら、きっと経験豊富で知識もあり、多くのお客様の信頼を勝ち得てきた人物に違いない、と考えます。ただ、そう素直に受け取らない人もいるとすれば、それはおそらく「稼ぐ」ということに対する認識が関係しているはずです。

われわれ日本人は、経済的な貧しさを恥としないという、世界に誇るべき文化を受け継いできました。「清貧」という言葉もあるように、むしろ貧しさこそ立派な人格を物語るとさえ考える倫理観は、世界でもめずらしいのではないでしょうか。

しかし、そうした考え方が「商売」を否定するわけではないことを忘れてはいけません。暴利をむさぼる拝金主義は、当然、人々の非難を受けましたが、まっとうな商取引まで非難されるようなことは、日本史上、なかったはずです。つまり、「稼ぐ」「儲ける」といった行為そのものに、ある種の後ろめたさを感じるのは、拡大解釈だといえます。そんなことでは、現代社会そのものが成り立ちません。

この豊かで平和な資本主義社会は、適正な商取引を通じて、商品・サービスを提供する側（会社）とされる側（お客様）がともに潤うというシステムです。そして、その両者をつなぐキーマンこそ営業マンです。営業マンがいてはじめて、お客様と会社がともに利益を得る。すべての営業マンは、正々堂々と「売れる営業マン」をめざすべきだと思います。

加えて、私が「売れる営業マン」をめざすべきだと考える理由がもう1つあります。それは、「売れる営業マン」にならなければ見えない〝景色〟があるからです。

たびたび言ってきたように、営業マンは数字がすべてです。営業マンの成長にともなって数字も上がるわけですが、同時に、数字が上がることによって成長する面もあるのです。しかも、飛び抜けた実績を残すことができれば、さらに景色は変わります。人生観を変えるほどの出会いがあるからです。

1人でも多くの営業マンにその世界を味わっていただきたいと、私は心から願っています。

正々堂々、売れる営業マンになる売れることで見えてくる〝景色〟を見てみよう

「成功」と巡り合うということ

2019年に公開された『七つの会議』という映画は、池井戸潤作品ならではのリアリティとハイテンポな展開がおもしろい、なかなかの佳品でした。舞台は、中堅メーカーの営業部門です。パワハラ騒動をめぐって浮かび上がる組織と個人の問題が、ミステリー仕立てで描かれています。

この物語のなかでキーパーソンの1人となっているのが、香川照之さん演じる営業部長です。彼の強権的な「結果第一主義」によって、部下たちが寝る間も惜しんで働く姿が描かれているのですが、映画とはいえ、営業マンたちが厳しいノルマを課されて苦しむ様子や長時間労働に疲弊していく描写は、営業という仕事の辛い側面を確実にえぐり出しています。スクリーンを観ながら、現場の辛さを思い出した、という人も少なくないのではないでしょうか。

昨今の社会常識や労働環境を考えると、この営業部長のようなやり方や考え方は完全に「アウト」でしょう。昭和の時代にはよく見られた光景かもしれませんが、いまどき許されるあり方ではありません。ただ、一見、単なるパワハラ上司のようでも、部下の成長を願う気持ちをうかがわせる場面もいくつか登場します。厳しい態度の裏側に隠された、部下に結果を出させてやりたい、成功させてやりたい、という上司の心情が暗示されているわけです。

私は、こうしたあたりの機微に営業マンにとっての「成功」を考えるヒントがあるように感じます。

われわれの価値観はさまざまですから、当然、それぞれに考える「成功」の定義があります。

営業マンにとって、「成功」とは何か——。

表現のしかたに微妙な違いはあるでしょうが、それが「売れないこと」だと考える人は誰もいないでしょう。営業という仕事をする以上、その本分は「売ること」にある。つまり、成功とは「売ること」なのです。そして、ひたすら売り続けた人だけが「成功者」になれるのです。

映画では、そうした成功のためなら手段を選ばない営業マンも登場しますが、もちろん違法行為や不道徳、不条理が許されるはずがありません。アンフェアな手段が言語道断なのは言うまでもありませんが、そうした悪事に手を染めてしまった登場人物の気持ちを考えると、正直なところ、私はなかなか複雑です。営業マンとは、結果を出すためにそこまで追い込まれなければいけないのでしょうか。

語弊を恐れずに言えば、営業マンにとって「売ること」とは、ある意味で命をかけた行為だと思います。それほどに重く、意義がある。

「そこまで深刻に考えなくても……」

と思われるかもしれませんが、人様が命の次に大事にしているお金をいただく仕事である以上、やはり営業マンは常時、真剣であるべきではないでしょうか。

ときには、ふと気を緩める場面もあって当然ですが、せめてお客様と対峙している間だけは、自分の命をかけているくらいの緊張感がほしい。それは、たいへんなプレッシャーです。胃も痛くなります。でも、それにふさわしい価値が、営業という仕事にはある。それくらい重大な使命が、営業という仕事にはある。私は、そう信じています。

営業という崇高な仕事に携わる人は、みな「売ること」に命をかけるべきです。そして、その先にある「成功」をめざすべきだと思います。

それは、何も個人の経済的な満足を得るためではありません。営業マンが「成功」しなければ、会社も「成功」しないからです。一緒に働く仲間たちのためにも、営業マンは「成功」しなければならないのです。違法行為や不道徳、不条理は徹底的に排除しつつ、自分の全存在をかけるつもりで取り組んでください。

営業マンの成功とは商品やサービスを売り続けること 売り続けて成果を上げ、お客様からの信頼を得ること

「一流」の人とつきあい、自分を「一流」に導く

何をもって「一流」とするかは、見方が異なるところだと思いますが、経済力だけがその指標でないことは、たしかでしょう。いくらお金をもっていても、どうしようもない人間は世の中には多く存在します。

保険業界で仕事をしていると、幸いなことにさまざまな立場のお客様と接する機会に恵まれます。私の場合、とくに多かったのは経営者のお客様で、一部上場の大企業から個人商店にいたるまで、実に多彩な経営者と知り合うことができました。50歳を過ぎたいまとなっては、そうした出会いのなかで受けた刺激や忘れがたい思い出が、私の宝物となっています。なかでも、ある経営者との苦い思い出は、その後の私にとって大きな教訓となりました。それは、私が保険業界に飛び込んで5年ほど経ったころのことです。

その経営者は一代で事業を大きくしたやり手で、誰もが認める一流の経営者でした。日々の努力の甲斐もあり私を頼ってくださって、彼はもちろん、社員も合わせて100

人分くらいの契約が取れたわけですから、私にとっては上得意のお客様といえます。最初の契約更新がすんで2年目を迎えたころ、その会社に別の保険会社の営業マンが参入してきました。私にとって歓迎すべき状況ではありませんが、それでもすぐにお客様を奪われるようなことはない、と心のどこかでタカをくくっていたのでしょう。そういう自覚はなかったものの、仕事が順調で調子づいていたのかもしれません。

あるとき、私の携帯が鳴りました。相手は、その経営者です。しかし、間の悪いことに、ちょうど私は別の大きな案件が取れるかどうか、という大事なプレゼンテーションの最中だったのです。

電話に出て、相手の気持ちを考えずに、

「ちょっと待っていていただけないでしょうか?」

そう私が不用意に発した言葉が、経営者の逆鱗に触れました。

「その言い方はなんだ。おまえのためにと思って電話したのに、もういい。解約するから手続きをしてくれ」

経営者は、そう言い残して電話を切りました。私は、すっかり顔色を失ってしまったのでしょう。二兎を追う者は一兎をも得ず、ということなのか、結局、そのプレゼンも不成功に終わり、私は翌朝、経営者のもとへ謝罪に向かいました。

「昨日の態度はなんなんだ」

そう言う経営者に対して、私はただひたすら平謝りをしました。すると、「もう二度とああいう態度で電話に出るんじゃないぞ」と許してくれて、どうにか100人分の契約を失わずにすんだのでした。

実は、彼が激怒するほど私の態度が悪かったとは、いまでも思っていません。それほどの無礼な口の利き方をしたわけでもなく、話の途中で一方的に電話を切るような非礼があったわけでもなかったのですが、大事なプレゼンの最中だったため、ほんの一瞬、心のどこかで「この大事なときに……」と思った感情が出てしまった。そして、その一瞬の態度が、経営者に読み取られてしまったのです。

そのことに思いいたったとき、私は彼が世間から「一流」と一目置かれている理由がわかったような気がしました。そして、たとえ一瞬でも心の油断が言動に表われるようでは、各界で一流とされるお客様から選ばれ続けることなど、できるはずがないと思いました。

一流のお客様に選ばれるのは、やはり一流の営業マンであるはずです。では、一流の営業マンとはどういう存在なのか。いろんな考え方があるにせよ、少なくとも、お客様からの電話に一瞬でも「面倒だ」と感じるようでは失格です。まして、そういう感情が受話器の向こうに伝わってしまったわけですから、私は自分の未熟さを思い知らされたような気がしました。

私はいまでも小心者で、残念ながら、一流の人物と対等に渡り合えるような人間だとは到底、思えません。しかし、一流の方の選球眼に見透かされても恥じることのないよう、せめてお客様に対する感謝の気持ちだけは忘れないでいようと戒めています。

一流のアウトプット、一流の成果を出すには、一流のインプットをするために一流の人とつきあうしか方法はないのです。そして、人は人に学ぶものであり、人を評価するのも人です。営業という仕事は、そのど真ん中に存在する仕事なのだと思います。

「一流」の人に評価されることで営業マンは磨かれる

人は「will」「can」「must」が重なったときに成功する

「成功」について、少し違った角度から考えてみます。

本書でお話ししてきたことは、営業という仕事を通じて成長するためのアドバイスと考えていただきたいのですが、それは同時に「成功」を手にするための方法でもあります。私は、そこに「必要最低条件」があると考えています。

それは、「will」「can」「must」がしっかり重なっていることです。

あらためて、その3要素は次のように定義できます。

・「will」　自分が成し遂げたいこと。強い意志。使命感。
・「can」　自分ができること。知識、経験、ノウハウなどを伝える能力。
・「must」　自分がやるべきこと。明確な目標。

営業という仕事にかぎらず、あらゆる仕事はこの3要素を意識することで「成功」へ近づきます。3要素が強く意識されることによって、アウトプットの質が高まるからです。強い「will」、確実な「can」、明確な「must」をもっている人が、高い確率で成果と成功を手に入れることができます。

そして、「成功」を手にする可能性が高い人ほど、この3要素が重なる部分が大きくなります。つまり、各要素を円で考えると、3つの円が限りなく同心円に近づくというわけです。重なっている部分が大きければ大きいほど、「成功」する可能性も高くなると考えていいでしょう。

私は、もうずいぶん前から、ほぼ毎日、3要素を自分に確認することを習慣としてきました。その日、自分が「やりたいこと」「できること」「やるべきこと」を具体的に考えるようにしてきたのです。

また、ときにはもう少し長いスパンで考えてもみました。たとえば、1年後、5年後、10年後、自分はどうありたいかという目標（理想）を設定して、それを実現するためには何が必要かを考えます。長いスパンで「やりたいこと」を考え、それを実現するために「できること」、いま「やるべきこと」が何かを考えるのです。これまで、さまざまな世界で「成功」を手にした人に会いましたが、ほぼ例外なく、この3要素を明確にもつ人ばかりでした（ただし、必ずしもすべての人がそれを意識しているとはかぎらず、なかには無意識のうちに3要素を明確化している人もいました）。

いずれにせよ、営業マンとしてそれなりの成果を出し続けるためには、この3要素を短期、中期、長期という視点で明確にもつことが大切です。

では、具体的にどうすれば3要素を重なり合わせることができるのでしょうか。それぞれの円を大きくするには、何が求められるのでしょうか。

第一に考えるべきは「will」です。つまり、「やりたいこと」は何かをはっきりさせること。意志が定まってこそ、努力や工夫が生まれます。気をつけるべきは「can」から発想しないことです。売れない営業マンほど「can」から発想しがちなのですが、「できること」からスタートすると、「できること」の枠から外へ出られなくなります。自分を小さく規定してしまって、成長しようという発想が生まれにくくなるのです。「やりたいこと」に応じて「できること」は変化します。

そのうえで「must」をすべて書き出します。つまり、「やりたいこと」を実現するために何が必要かを整理して、勉強すべきことや身につけることとして、具体的な行動に落とし込むわけです。そして、それらを絶対に「やるべきこと」としてスケジュールを立てます。

そこまでできたら、「can」を考えます。「やりたいこと」と「やるべきこと」をはっきりさせたうえで、そのために「できること」が何かをリストアップして、足りないものがあればそれを身につける。あくまで、意志と目標を明確にしてから自分の可能性を見つめ直すべきです。

それほど「can」には拡大する潜在的な可能性があるといえますが、意志と目標さえあれば自然と拡大するわけではないことは、しっかり自覚すべきでしょう。「can」を拡大させるのは、そう簡単なことではありません。考えるべき順序は「will」→「must」→「can」でも、「can」が拡大しなければ「will」も「must」も絵に描いた餅になりかねないのです。

「成功」するために必要なのは、あくまで「will」「can」「must」をバランスよく拡大させ、3要素の重なる部分を少しでも大きくすることです。

強い「will」、確実な「can」、明確な「must」をもつ

「水の上に立つこと」「空を飛ぶこと」を本気で考える

「水の上に立つこと」も「空を飛ぶこと」も、あくまで比喩ではありますし、いまの科学では不可能とされていることですが、私は、いつも本気でこのような、不可能を可能にする手段を探すように心がけています。要は、一見、不可能と思えることを可能にする方法を真剣に考え、努力するべし、という意味です。

たとえば、すでに50歳を過ぎた私が100メートルを10秒台で走るという目標を立てても、それは不可能です。でも、12秒台で走っていた20歳前後のころに本気でそう考えていたら、可能性はゼロパーセントではなかったと思います。いまやトップ日本人選手が10秒を切る時代になってきたわけです。私も同じ日本人ですから、一流のアスリートと同じトレーニングを重ね、同じ食事をとり、同じ精神修養を積むことで、彼らに近づくことはできるのではないでしょうか。かぎりなくゼロパーセントに近いのかもしれませんが、少なくとも、まずはそう本気で考えなければ、10秒台で走ることはできないはずです。

そうした身体能力の限界という絶望的な壁がある世界でも、可能性がゼロパーセントではないとしたら、身体能力の影響を受けない営業の世界で不可能なことなど、ほとんどないはずです。

みなさんにも、いままでやりたいけれどできなかったことがいくつかあるのではないでしょうか。もちろん、それらを実現するのは簡単ではないでしょう。でも、それらは本当に不可能なのでしょうか。不可能だと思い込んできただけで、それを実現する方法を本気で考えたことがなかっただけではないでしょうか。

私は、これまで「超」がつくほど一流のビジネスマンや経営者に会って、直接、話を聞くことで、自分の成長の糧にしようと思ってきました。そして、信じられないかもしれませんが、これまで「会いたい」と思って会えなかった人物は、1人もいません。

それは、私が会いたいと本気で考えたからです。さらに、その夢を実現すべく常日頃から作戦を練って、必要な手を打ってきたからです。その程度の夢なら、必ず実現できます。

直近では、みなさんもよくご存じの、シリコンバレーにお住いの某著名起業家Z氏に会ってみたいというのが、私の願いでした。彼は私よりずいぶん年齢が下ですが、直接、会って話を聞けば、私のちっぽけな思い込みや正しいと信じてきた常識など、あっさりぶち壊してくれそうな気がしたからです。

「2年以内にZ氏に会う」

そう心に決めたのは昨年だったかと思いますが、間もなく、その夢が実現する見込みです。

意外に思われるかもしれませんが、相手も日本人であれば、おそらく知人を5人くらいたどることで到達しない人はいません。大臣であれ、芸能人であれ、スポーツ選手であれ、会えない人はいないでしょう。ただし、会うためには作戦が必要です。

仮に、Bさんという著名人に会いたいと本気で考え、人脈をたどって行き着いたとしましょう。私なら、Bさんが絶大な信頼を寄せる人は誰かをリサーチして、その人にアプローチします。その人とBさんの信頼関係を利用するのはひどい、と思う人もいるかもしれませんが、夢を実現するとはそういうことです。違法行為は当然、論外ですが、人道を踏み外さないのなら、多少、強引であっても、厚かましくても、一直線にあらゆる手を尽くすべきです。

本気で願えば、たいていのことは叶います。実現していないことは、単に不可能だと思い込んで、そもそも実現に向けての働きかけをあきらめていただけなのではないでしょうか。まず、不可能という発想を取り除き、いささか厚かましい計画だとしても、成果を積み重ねていけば、夢は実現します。

いかにして不可能を可能にするか、という思考回路を研ぎ澄ますほど、成果や成功のスケールも大きくなっていくのが営業という仕事です。思考の枠を広げる作業、「パラダイムシフト」を常に意識してください。

「不可能という思い込みを捨て、実現する方法を本気で考える」

「成果が出るまでやり続けないから成果が出ない」という営業の仕事の真実

松下幸之助さんは、あるとき、成功の秘訣を問われて「途中でやめないこと」と言ったとされます。「経営の神様」らしい名言だと思いますが、これはおそらく価値を創造する仕事に共通する真実でしょう。もちろん、営業もその1つです。

営業マンが成果を出すためにやるべきことは、ただ1つです。

「成果が出るまでやり続けること」

ただ、それだけです。

では、営業マンにとっての「成果」とは、何でしょうか。

業種や業態によって、多少、異なるかもしれませんが、私はおおむね2つの評価基準で判断されるものだと考えています。それは、「売上達成」と「期限厳守」です。

営業マンに設定される目標は、何といっても「売上」が勝負です。しかし、期限の半年後に目標を達成しても、それは「成果」とは認められないでしょう。売上は、期限内に実現してこそ意味がある。営業マンの成果とは、「決められた期限内に、決められた売上を達成する」ことなのです。もちろん、簡単ではありません。

私も、保険業界に飛び込んだ当初は成果が出せず、苦しい時期が続きました。連日、塩をかけただけのご飯を食べながら「もう辞めよう」と思ったものです。でも、辞めなかったのは、結果が出ないうちに尻尾を巻いて逃げるようなことは意地でもできないと思っていたからでしょう。いずれどうなるかはわからないにせよ、とにかくやれるだけのことはやろう、と思いました。そのとき、私が自分に課したのが、

「決められた期限内に、決められた売上を達成する」

ということでした。「決められた」といっても、自分で決めるわけですが。

成果を出し続ければ、いずれなんとかなるに違いない。そう思って、以来、「売上」と「期限」にはとくにこだわってきたつもりです。途中でやめなかったから、いまの私がある。その「継続力」が、成果につながったわけです。

ただし、「売上」と「期限」を達成し続けるためには、もう1つ、不可欠な要素があります。それは「瞬発力」です。

「継続力」が、精神的な要素であることはおわかりいただけると思いますが、一方の「瞬発力」はみなさんの想像とは少し違うかもしれません。私が考える「瞬発力」は、一種

の計算力です。「逆算力」といってもいいかもしれません。つまり、成果を出すべき期限までの残日数やアプローチすべき見込み客数などを「逆算」によって導き出し、それまでの工程を着実にこなしていく力です。精神的な緊張感を維持する「継続力」と対照的に、これは期限までに数字を上げる「力技」といえます。

かつて、私は自分の月間目標を「月初」に達成することを常としてきました。もちろん、最初のころは月末のギリギリの段階で慌てることもありましたが、もともとそういう圧力に弱い性格だったため、精神を平静に保つためにも、そうして早め早めに手を打つ必要があったのです。また、ギリギリの段階でも数字をつくる自信だけはあったものの、その場合、お客様に無理をお願いすることにもなりかねません。そうした心苦しさを味わうくらいなら、しっかり逆算して、絶対に追い込まれないよう前倒しで動くほうが、精神衛生上も適していたのです。

成果が出るまでやり続けること。これが営業という仕事の真実です。

成果は「成果が出るまで思考し行動する」から得られる それを期限内に達成することが営業マンの役割と責任

営業の本質は「社会貢献」と「人助け」である

いまどき、「何のために働いているのか」と問われて「社会貢献」「人助け」と答えるようでは、誰にも信用されないでしょう。とんでもない偽善者か大ウソつきと思われるのが関の山です。

では、心底からそう思っていることが公になったら、その人は周囲から尊敬されるのでしょうか。おそらく、それも違います。表面上は賛辞を送ってくれる人も多いでしょうが、本音では「おめでたい人だ」と鼻で笑う人も数多くいるでしょう。「社会貢献」「人助け」は、いまや実在しないフィクションと思われているように感じます。

しかし、それでも私はあえて言います。

営業という仕事の本質は「社会貢献」と「人助け」にある、と。

きれいごとだと思われるかもしれませんが、決してそんなことはありません。私は、お金を稼ぐことが社会貢献につながると考えているからです。

若い世代の営業マンと話をしていると「自分の給料分くらい稼げればいい」といった控えめな発言をときどき耳にします。それで満足だという意味ではないのかもしれませんが、つい私は「それなら、なぜ営業マンなんてやってるの？」と疑問に思ってしまいます。自分の食い扶持だけ稼げればいいのであれば、わざわざ営業のように辛い仕事をすることはないでしょう。

加えて、こうした発言は営業という仕事の本質を理解していない証拠です。営業という仕事の本質が「社会貢献」「人助け」にあることを理解していただきたいものです。

営業という仕事は、資本主義経済の核心です。モノを売ってお金を稼ぐという行為こそ経済活動そのものであって、資本主義という社会体制は、そうした行為を繰り返し、活発化させ、拡大させることによって社会全体を潤そうという基本認識のうえに成り立っています。経済活動が活発になれば社会全体にお金が回り、人々の暮らしが豊かになるというわけです。

事実、われわれがいま享受している平和で豊かな日常は、経済的な成長によって実現したものです。そうした社会を実現するために経済活動の最前線で貢献してきたのが、営業マンです。営業マンが商取引を円滑に行なってきたからこそ、経済規模が拡大し、われわれは豊かな生活を謳歌《おうか》しているわけです。

そうだとすれば、まさに営業という仕事の本質は社会貢献にある、といえるのではないでしょうか。税と社会福祉によって富の再配分が行なわれ、困っている人や弱者が少しでも助けられるとするなら、営業という仕事の本質は人助けにある、と表現しても決して間違ってはいないと思うのです。

そして、そうした考え方をつきつめていけば、社会貢献や人助けをするためにも、営業マンは稼がなくてはいけないのです。商取引が活発になれば、税収が増えて社会保障も充実するからです。また、営業マンが稼げば会社が潤い、新たな雇用が生まれます。雇用が増えれば社会も安定し、ひいては少子化対策にもつながるでしょう。

したがって、私には「自分の給料分くらい稼げればいい」と考える営業マンは控えめなのではなく、単に「自分さえよければいい」としか考えていないエゴイストと映ります。広く世間を見渡して営業という仕事の位置づけを考えたとき、その本分が経済活動を活性化させることにあるなら、稼ぐことは善であり、全面的に肯定されるべきだと思うのです。

贅沢な暮らしがしたいから儲けたい、という考え方は、それが個人の幸福しか考えていないという点で、私はあまり上品な発想ではないと思います。

「売上なんて、どうでもいい」と考える営業マンも、他者の幸福に考えが及んでいないという点で、そうした拝金主義と同じくらい下品な発想だと感じるのですが、みなさんはどう思われるでしょうか。

営業マンがモノを売らなければ、その会社はいつかなくなるし、経済も停滞する。売ることがいままっとうすべき責任であり、社会的責任でもあるのです。使命といってもいいでしょう。常にそんな気持ちをもって営業という仕事に取り組んでいただきたいと思います。

「売り続けることこそ営業マンの果たすべき使命」

大きな成果を出した次の日にそれよりも大きな成果を出そうと思えるか

営業は、比較的、短期間で成果が確認しやすい仕事です。じっくりと腰を据えて実験を繰り返し、時間をかけて発想やアイデアを成果へとつなげていく研究開発タイプの仕事を農耕型の仕事とすれば、営業はときに数百万円ものマグロを仕留める漁師にも似た狩猟型の仕事といってもいいでしょう。

そうした仕事の性格から、成果は不安定になりがちです。たった1件、大きな案件が成立して1か月分の目標が達成できるときもあれば、小さな案件をコツコツ積み重ねてようやく目標をクリアーするときもある。前者のような場合、契約成立の翌日から気が抜けたように油断してしまう営業マンもいます。そこで、私はよく若い営業マンに「どんな成果も24時間以上、持ち越してはいけない」と戒めています。

われわれ人間は、つい易きに流れてしまいがちな弱い生き物です。極端な例ですが、

1日働いただけで1か月分の目標が達成できたとすれば、残りの日を遊んで暮らしたいと考える人も少なくないでしょう。

しかし、「ウサギとカメ」の寓話にもあるように、たまたま大きな成果が出たからといって努力を怠ると、必ずしっぺ返しを食らいます。多少、自信があるからといって大きな案件ばかりをあてにするようになったら、いつか必ず破綻します。それは、道徳的な意味で勤勉さを勧めているのではなく、そうした「大物狙い」な働き方を続けることが現実的に不可能だからです。

もし、大きな成果が出たら、祝杯を上げたくなる気持ちはよく理解できます。そのときは存分に祝杯を上げればよく、仲間と喜びを分かち合えばいいと思います。ただ、24時間経ったら、いったん気持ちをリセットして、決して持ち越さないことです。

それは、逆の場合もしかりで、どんな嫌なことも24時間経ったらリセットして、引きずらないことです。いいことも悪いことも、24時間以上、持ち越すべきではありません。「大きな成果を出した次の日に、それよりも大きな成果を出そうと思えるか」というのは、24時間経てば気持ちを切り替えて、新たな日を常に新たな気持ちで迎えるべきだということです。

また、それは小さな成功で満足してはいけない、という戒めでもあります。

あらためて言いますが、営業マンが売上を追求するのは「社会貢献」「人助け」に通じるという意味で善行といえます。営業マンは常に売上を貪欲に追求すべきなのであって、会社から課せられた目標が達成できたときに満足して歩みを止めてしまえば、その人は「社会貢献」「人助け」に思いいたらない、そのレベルの営業マンで終わってしまうでしょう。

そうした意味で、営業マンは昨日よりも今日、今日よりも明日、より大きな成果を出そうと考えるべきなのです。いいことも悪いことも、過去を引きずっていては成長などできません。

成功も失敗も、24時間以上引きずらない

24時間、と言いましたが、よい成果も悪い結果も、その事実はできるかぎり短い時間で忘れることが重要です。成果を上げた余韻に酔いしれていられるほど、現場のスピードは遅くないし、またすぐ次の成果を求められるのが営業マンだからです。ただし、よい成果も悪い結果も、必ず「正しい理由」を発見し、検証すること。これにはじっくり時間をかけるべきです。

目標達成も目標未達成も「習慣化」されることを知る

以前、営業マンを対象としたある調査で、目標達成も未達成も「習慣化」される、という記事がありました。

たとえば、入社1年目の6か月は月間目標を達成し、残り6か月間は目標未達成だったAさんと、同じく1年目の12か月間の目標をすべて達成したBさんがいたとします。Aさんは、その後、目標未達成月が徐々に増えていくのに対して、Bさんはその後もコンスタントに目標を達成し続けるというのです。

営業マンに課せられる目標は、経験を重ねるにつれて逓増します。年々、ハードルが上がっていくわけですから、営業マンの成長率が目標の逓増率を上回れば目標達成月も増え、逆に成長率が逓増率を下回れば目標未達成月が増えることになります。

Aさんのように目標未達成月がある営業マンは、やがて成長率が逓増率に追いつかなくなってしまうのに対して、常に目標を達成し続けるBさんのような営業マンは、たとえ年々、ハードルが上がっていったとしても、それを上回る成長を続けるというわけです。

こうした結果から、Aさんのように目標未達成がある程度、常態化してしまった営業マンは、やがて未達成が「習慣化」され、同様にBさんのような目標達成を継続する営業マンも達成を「習慣化」したのではないか、というのが、記事の趣旨でした。あいにく正確なデータが手元にないので裏付けのある結論を示すことはできないのですが、納得性のある話だと思いますし、とても共感できました。

私は、これまで多くの営業マンを見てきましたが、経験の浅いうちから目標を達成できていた営業マンは、5年経っても10年経っても、やはり目標を達成し続ける傾向がありました。逆に、最初から達成月と未達成月が混在していた営業マンが、5年や10年を経て目標未達成月を完全に排除できたケースは、残念ながら、ほとんどなかったように思います。

この調査結果が示唆しているように、目標達成も目標未達成も「習慣化」されるからだろうと思います。それは、おそらく目標未達成でも「なんとか生きていける」ということを覚えてしまうからでしょう。

1か月くらい未達成月があっても、それを理由に職を失うわけではありません。目標を達成し続ける営業マンより昇進が遅れたり、収入に差がついたりはするものの、たいして出世を望まないのであればそれでも問題はなく、収入も生活に困るレベルに下げられるわけではないのです。「それでいい」と思った時点で、目標未達成が「習慣化」してしまうのではないでしょうか。

一方、目標達成を「習慣化」する営業マンは、自分の成長が実績として明確に把握できることに喜びを感じるとともに、それが待遇面にも反映されて、ますます成長を志向するようになります。そして、いつしか目標未達成を恐れるようになります。加えて目標未達成を異常な状態と認識するので、何としても目標を達成しようと必死になるでしょう。

このように、目標達成という成功体験の積み重ねが、確実にその営業マンをステップアップさせるのです。

目標達成も目標未達成も「習慣化」するとしたら、どちらを「習慣化」すべきかは自明でしょう。もし、目標未達成を経験してしまったら、それは営業マンとして正常な状態ではないと認識することです。

目標達成を習慣化するためには、まずは最初の目標達成を実現すること、そしてそれを継続すること。これ以外に方法はなく、それは新卒の営業マンでも、中堅営業マンでも、ベテラン営業マンでも、「今日」からでも「誰でも」始められることなのです。

「未達成」は営業マンとして正常な状態ではないと認識する

自分をコントロールできる人がその世界をコントロールする

私は、実現できているかどうかは別にして、自分を支配下に置いておこうという意識は常にもっているつもりです。それは、おそらく経営者としての自覚があるからでしょう。自分自身さえコントロールできないようならば、300人を超える社員を抱える会社の舵取りなどできるはずがない、という意識です。そうした緊張感が、自律的な人間であろうとする気持ちにつながっているのかもしれません。

もう1つ、そうした意識をもつようになったのは、これまでの経験から「自分でコントロールできないことはない」と知ったからです。アメリカの精神科医ウィリアム・グラッサー博士が提唱する「選択理論心理学」を私なりに解釈した考え方なのですが、実際、私はその理論を常に実践し、営業マンにふさわしい理論だということを体感してきました。

われわれは、それを自覚しているかどうかはともかく、あらゆる場面で「選択」を繰り返しています。

たとえば、朝、起きてパンを食べた人は、ごはんでもうどんでもそばでもなく、パンを選択したわけです。奥さんがパンを焼いてくれたから食べたのであって、自分で選んだわけじゃない、という人もいるでしょう。しかし、パンを食べたくなければ「食べない」という選択肢もあったはずです。「そんなことをしたら、せっかく用意してくれた奥さんに悪い」と思って食べたにせよ、結果として「パンを食べる」という選択肢を採用したのは自分です。理由はどうあれ、「パンを食べる」という行為は自分で選択したものなのです。

このように、すべての行動は自分で選択したものといえます。もちろん、営業マンの仕事を考えても、すべては自分が選択した結果です。成果が出なかったとしたら、それは成果が出ない選択肢を自分が採用したからであって、どこかで選択肢を間違わなければば成果は出ていたと考えることができます。「自分でコントロールできないことはない」というのは、そういうことです。

もし、成果が出ていないとすれば、それは自分の選択が間違っていたということですから、正しい選択ができるように思考パターンを変える必要があります。では、どうすれば正しい選択ができるようになるのでしょうか。

私は、何かの選択をしなければならないとき、自分なりの基準に照らし合わせて考えるように心がけています。その基準とは、次の7つです。

1 周囲を支援する
2 周囲を信頼する
3 周囲を勇気づける
4 尊敬の念を常にもつ
5 周囲の話に素直に耳を傾ける
6 食い違いはとことん交渉する
7 受け入れる心をもつ

われわれの行動の多くは、無意識のうちになされるものです。つまり、それぞれの思考パターンに応じて、自分でも気づかないうちに選択を繰り返しているわけです。したがって、自分をコントロールするにはできるだけ行動を意識して、そのときどきにおいて自分なりの基準に沿った正しい判断ができているかどうか、をきちんと考える必要があります。

慣れないうちは戸惑いも少なくないでしょうが、「選択」を意識していると、そのうち行動が変わってきます。そして、「自分でコントロールできないことはない」と気づくでしょう。行動が変われば、結果も変わってくるはずです。

すべての無意識な行動を「意識化する」ことで、自分を自分の支配下に入れること。それを実現するには1つひとつの思考、行動が「選択」から成り立っているということを自覚し、日々の生活のなかで習慣化することです。

チームや会社をコントロールできる人は、当然、自分自身をコントロールできる人です。自分のコントロール→チームのコントロール→会社のコントロール→業界のコントロール→経済のコントロールというくらいに、ステップアップを意識し、成功を実現していただきたいと思います。

「自分でコントロールできないことはない　すべては自らの「選択」の結果である」

「始める力」と「継続する力」

どんなものごとにも「始まり」と「終わり」があります。

始まりと終わりの間にはさまざまなプロセスと「時間」とが存在します。ここでは、ものごとを「始める力」と、決めたことをどれだけ継続できるか、その時間の長さが、お客様に選ばれる営業マンを創り上げるということをお話ししたいと思います。

営業マンという仕事に就くとき、「いつ辞めるか」を決めて始める人はいないと思います。なかには「実家の家業を継ぐまでの数年間」などと決めて始めた人もいるかもしれませんが、そういう人を除いては、ほとんどの人がこの世界で成果を上げて、ずっと成功したいと思っていたはずです。つまり、どの営業マンも営業という仕事を始めると決め、必ず成功すると自分で自分に誓っていたと思うのです。

しかし私は、これまで多くの営業マンを見てきて、お客様から選ばれない営業マンは「始めたときに決めたこと」を継続できない傾向にあることに気づきました。さらに、お客様から選ばれない営業マンは、「こうしよう」「こうしたい」という欲求にもとづいて、何か新しいことを始めようと決意する力が低いことにも気づきました。

選ばれる営業マンは、何ごとにおいても「始める力」とそれを「継続していく力」をもっていて、そのことで自分自身を形成すると同時に、お客様から信頼を得て友好的な関係を構築しているのです。

営業マンは成果を出し続けなければなりませんし、そのためにはお客様に選ばれ続けなければなりません。であれば、成果が出ること、お客様が自分を選んでくれる可能性につながるものについては、自分自身に有無を言わせず始めることです。

それなのにさまざまな言い訳をして逡巡《しゅんじゅん》し、「始められない」営業マンがいます。そういう人がどうして営業という仕事をしているのか、不思議で仕方がありません。

そして、始めてみたはいいものの、継続できない人がいます。

たしかに、いったんやると決めたことでも、意味を見出せないこともあるでしょうから、切り捨てることもときには必要でしょう。とはいえ、営業マンとして成功するには、一度決めたことはとことんやり切って成果を出すべきで、そのことで証明される突き抜けた継続力と突破力を見て、お客様はその営業マンを信頼するのだと単純に思います。

では「始める力」と「継続する力」を養うためには、どうしたらよいのでしょうか。

「まずは簡単なことから始めよう」ということがよく言われるようですが、私は「少しだけ難しいことを始める」ことをお勧めします。これは私のモットーでもあります。筋トレと一緒で、ラクをしていても筋力は増強されません。心と頭に、そして日々の行動においても「負荷」をかけながら取り組むことが重要です。

その際、2つの観点から「何を始めるのか」を決めるといいと思います。

1つは「For me」。自分が成長するために、いま何が必要なのか、何を始めるべきなのか。それは日常生活のなかでのことなのか、仕事のなかでのことなのか。それをどれくらいの期間続けることで何を得られるのか。それらを明確に「目標」としてもつことが重要です。その目標を達成することで、人間としても営業マンとしても「信頼」を得られるようなものを選択するとよいでしょう。

もう1つの観点は「For you」。近くにいる人、営業マンであればお客様に対して「これを始めることで何を与えられるのか」を、始める事柄を選ぶ基準として考えてみるといいと思います。

自分のためではなく、お客様の役に立つための勉強であったり、人格を整えるための何らかの修業であったり、あるいは多様な価値観を吸収、醸成するための時間を確保するといった、営業マンとしてお客様の役に立つことにつながることに取り組んで、それが、どの時点でどのようにお客様の役に立つのかまで、具体的にイメージしながら始めることが重要だと思います。

以上2つの観点を軸に決めたことを、自分で決めた期間、必ず続けることです。「継続する」ことでお客様から得られる信頼は、とてつもない力を営業マンにもたらしてくれます。

「続けること」に関しては、正直なところ、コツなどなく、根性論しかありません。「本人の気持ち1つ」であり、意志の力で継続できるかできないかが決まります。継続することをやめるのも自分、継続すると決めるのも自分なのです。

営業マンはスペシャリストであるべきか、ゼネラリストであるべきか

営業マンという仕事には、スペシャリストの側面があります。

さまざまな業種、さまざまな分野の営業マンがこの世には存在しますが、提供する商品やサービスが複雑になればなるほど、その分野の知識・経験・技術などをもちあわせていないと、お客様を満足させ、納得いただくことはできませんし、競合他社、競合の営業マンに勝ち続けることもできません。

したがって、営業マンは「その道のプロ」である場合が多く、多くの営業マンが自分の扱っている商品やサービス、その周辺のことについて「深く」知っています。お客様がその営業マンの知識に感心し、契約にいたるというケースも多々見られます。

しかし、その深さだけでは真に選ばれる営業マンにはなれない、というのが私の知る営業マンの現実です。

選ばれ続ける営業マンであるためには、「深く広く何でも知っている」、つまり「スペ

シャリスト×ゼネラリスト」というあり方をめざす必要があります。

スペシャリストであることは、営業マンとしての年数を重ねれば重ねるほど専門知識も増えるので、ある意味「当たり前」のことかもしれませんが、そこに掛け合わせる「ゼネラリスト指数」が高ければ高いほど、お客様に選ばれる確率は上がります。

「あの営業マンは引き出しが多い。だから成約率が高いのかもしれないね」などという会話を営業マン同士ですることもあると思いますが、まさにこの引き出しの多さが、「ゼネラリスト指数」を示すものだと思います。

では、スペシャリストであり、ゼネラリストでもあるために、どのような努力をしたらよいのでしょうか。

スペシャリストになるには、日々の仕事に勤しむのは当然として、ひたすら座学に励むことをお勧めします。

商品研究、業界研究、周辺知識の取得に努め、とにかく頭の中に詰め込むこと。もちろんたまには他人に経験談を聞きに行くこともあるでしょうが、基本的には目から頭に入れ、それをきちんと口で説明できるようになるくらい、自分のものにすることだと思います。

本人の意志次第でいくらでもインプットできますし、努力だけで、あるジャンルにおける日本一のスペシャリストになることも不可能ではないでしょう。

ただし、これで売れるのだったら苦労はしません。営業マンが選ばれるためには、スペシャリストの努力を最大化する「×ゼネラリスト」の要素が重要なのです。

ゼネラリストという言葉をWikipediaで調べると、「広範囲にわたる知識を持つ人のこと。各種のプロデューサーはジェネラリスト（ゼネラリスト）とみなされる事が多い」と記載されています。営業マンにはまさにお客様に対してのプロデューサー役であってほしいと考える私からすると、この解説は唸るほど適切なものだと感銘を受けます。

営業マンは商品を売る、サービスを売るのが仕事ですから、それについての知識をきつめていくことが重要なのは言うまでもありません。

しかし、お客様への知識の供給や取扱い説明書的なことなら、誰がしても一緒ですし、そのうちAIという化け物に必ず負けてしまいます。商品説明がAI化されれば、最新の知識やノウハウ、最適な商品を機械が選んでくれる時代になるでしょう。そんな時代が来ても、われわれ営業マンがお客様から選ばれ続けるには、お客様のプロデューサーでありコーディネーターともなり得るためのゼネラリストの要素が絶対に必要です。

私の考えるゼネラリストとは、先ほどもお話ししたように「引き出しの多い営業マン」であり、加えて「課題解決力が高い営業マン」のことです。より具体的に言うと、「この人に相談すれば、何でも、誰よりも的確に課題を解決してくれるし、自分のネットワークのなかで完結してくれる」とお客様に思ってもらえる人です。

引き出しを多くもち、課題解決力を身につけるには、机上の勉強だけではなく、ネットワーキング＝人脈づくりをしながら、さまざまな人から「鮮度の高い真実の情報」を収集し、蓄積する時間を多くもたなければなりません。そうして得た知識や情報についても、深さを追求していくことが大切です。

このように、スペシャリストの部分は「頭で」知識を吸収すること、ゼネラリストの部分は「足で」生の知識と情報を吸収することで、力が備わっていきます。

スペシャリストとして、既存の情報を知識としていつでもアウトプットできる。ゼネラリストとして経験で蓄積した情報をいつでもアウトプットできる。それができるようになれば、きっと選ばれる営業マンになっているはずです。

「深くて広い「スペシャリスト×ゼネラリスト」を、お客様は選ぶ」

売れるために営業マンがするべきネットワーキング

営業マンに限らず、ビジネスパーソンであれば誰しも、ネットワーキング＝人脈づくりについて意識して取り組んだり、悩んだりすることがあると思います。営業マンであれば「よい人脈さえ手に入れることができたら、営業活動がもっとスムーズになって、目標達成が容易になるのに」と考える人も多いことでしょう。

よい人脈があれば、お客様からの紹介で商売が成り立つのも事実で、たしかにネットワーキングは、営業マンが売り続けるための最重要課題であることは間違いありません。営業マンにとってのマーケティング活動ともいえます。したがって営業マンなら強く意識して取り組む必要があります。

では、どのように取り組めばよいのか、以下、お話しします。

まず「ゴルフ」についてです。若い人だと経験のない人も多いと思いますが、ネットワーキングの本質につながることですので、ぜひ目を通してください。

当然といえば当然のことですが、いくつか条件を決めて参加することが重要です。私の場合は、経営をしている方、取引先の要職についている方、自分の会社の役員・社員のなかで時間をともにすることで成長が期待できるメンバー、そして同業他社の先輩後輩で価値観を共有できている方々としか、「ビジネスゴルフ」に時間を使わないと決めています。

もちろんプライベートでは多種多様な友人たちと行きますが、仕事で関係している人と行くのであれば「相手の方に時間を使っていただいている」ことを認識し、相手に対してどのような有益なことができるか、その可能性を探る時間とすべきです。

ゴルフというのは、食事の時間やプレー後の入浴の時間を含めれば、最低でも7時間くらい要します。忙しいビジネスパーソン、営業マンにとって、お互いにこの時間が無駄になってしまうとしたら、愚かとしか言いようがありません。

ご存じの通り、ゴルフは相手の性格、モラル、考え方、生き方、意思決定の仕方などを理解できる、他のスポーツにない「相手の情報供給」をしてくれるスポーツです。逆にいえば、自分も同じように情報を供給しているわけで、恐くもありますが、それゆえに親睦も深められるわけです。

相手を知り、今後、どのようなおつきあいをすればいいのか、どのようなかかわりになっていくのか、その方に、自分の既存のネットワークにどのようにかかわっていただけばよいのかなどを分析しながらプレーや会話をする。そのうちに自然とさまざまな仲間が増えていきます。本当にすばらしいスポーツだと思います。

一緒にラウンドすることで契約をいただくとか、ベタベタの接待をして相手のご機嫌をうかがうといったゴルフではなく、あくまでネットワーキングのために、自分以外のプレーヤーへの理解を深めて、その人の役に立つことは何かを知るよい機会と考えて、じっくりその時間を使いましょう。

ネットワーキングということでいえば、「会食」の場も言うまでもなく重要です。こちらもマナー、立ち居振る舞いからにじみ出る個人の本質を感じとることのできる大事な機会です。ゴルフ同様、これにも一定のルールをもって参加することでネットワーキングにつながると考えています。

1つは会食の時間を「3時間程度」に区切ること。これ以上時間をかけてする会食は間延びするだけで、最後のほうで交わした会話など、たいがい覚えていないものです。とくにお酒が入った宴席では、お酒に強い人もいれば弱い人もいるわけで、早い時間帯にきちんとした話をしておかないと「仕事の会食」をする意味はありません。

とにかく最初から時間を決めて、相手によってどんな話をするか、どのタイミングでどのようにお伝えするか、相手にとって有効な時間にすることなどを考えて臨みましょう。ゴルフほどではないにしても3時間も使うのですから、これがお互いにとって有効な時間にならなければ「次」はないですし、お互い役に立つことなど何もないのです。

こちらも相手の選定が重要で、私の場合、先ほどお話ししたビジネスゴルフとまったく同じ条件を設けています。

何度も言いますが、営業マンというのは成果を上げるのが仕事です。成果を上げるためには「無駄な時間」を過ごさないことが大切です。ゴルフをする、会食をするという、一見娯楽と受け取られかねないことをするにあたっても、「この時間はネットワーキングをするための時間である」と認識して過ごし、お互いの有益な関係構築につなげるべく有効な時間にする意識をもちましょう。

同じ時間を過ごすのでも、それを有益なネットワーキングの時間にするのが、売れる営業マンであることを認識していただきたいと思います。

「ネットワーキングでは「何が相手の役に立つのか」を考えて過ごす」

バランス感覚を磨くための3つのキーワード

お客様が営業マンを信頼するとは、いったいどういうことなのでしょうか。

「信頼」とは、文字通り、信じて頼りにすることです。では、われわれはどういう人を信じ、どういう人を頼りに思うのか。私は、相手が常に偏りのない正しい見解を示してくれるとき、その人を頼もしく感じるような気がしています。

「この人の話を聞いていれば、大きく間違うことはないだろう」

そう感じてもらうことほど大きな信頼はないでしょう。ならば、偏りのない正しい見解とは、何なのか。私は、それを導くのは「バランス感覚」だと思います。「バランス感覚」こそ、お客様の信頼を勝ち取るために不可欠なものです。

「バランス感覚」を養うのは、次の3つの要素です。

・客観性

・中立性
・共感性

「客観性」とは、あらゆる主観から自由である状態のことでしょう。人間はみな主観的な生き物ですから、完全な客観性など存在しないのかもしれませんが、できるだけ客観的であろうと心がけてみてください。

損害保険を扱っていると、この「客観性」を問われることが少なくありません。たとえば、自動車同士の事故が起きたとすると、双方の過失割合を決めることになります。しかし、誰がどう見てもその割合が明確なケースは稀です。双方が事故を主観的に判断するからです。過失割合を決めるのは営業マンの役割ではありませんが、われわれの仕事は常に客観性を問われているといえます。

客観性を維持するには、まず偏りのない情報を集めることが大切です。そのうえで、できるだけ状況を俯瞰するような気持ちで判断します。そのとき大切なのは、感情を排除すること。好悪の情にとらわれてしまうと、客観性は絶対に維持できません。

「中立性」とは、特定の立場に偏らない状態です。つまり、関係する誰の味方にもならないという意識を強くもつこと。「客観性」と同じく、「中立性」を保つためにも感情は大敵です。加えて、気をつけるべきは自分の利益に引きずられないことでしょう。自分にとっての損得勘定から完全に独立しなければ、「中立性」は確保できません。

「共感性」は、「客観性」「中立性」と方向性の異なる要素です。「共感性」をともなわない判断は単なる機械的判断でしかないので、共感性というのは「バランス感覚」を左右する要《かなめ》といっていいでしょう。

この場合の「共感性」とは、一体感のことです。できだけ客観的で中立的な立場を維持すべきだというこれまでの考え方と一見、矛盾するようですが、この一体感とは誰かに肩入れをするとか、誰かの利益の代弁者になるという意味ではありません。要は、誰のために「バランス感覚」を維持するのか、ということです。営業マンにとって、多くの場合、その相手はお客様でしょう。つまり、お客様との一体感を醸成することによって「バランス感覚」を養うわけです。

「バランス感覚」にすぐれた営業マンとは、必ずしも冷徹な判断ができるということを意味するわけではありません。もちろん、基本的には冷静で、そのときどきの感情に

「共感性」「客観性」「中立性」のある言動をお客様は信頼する

左右されない的確な判断力が求められるわけですが、あらゆる言動の根底にはお客様と喜びを分かち合いたいという共感があって、それがお客様に伝わり、一体感を得ることができていなければなりません。お客様が営業マンを信頼するのは、単に正しい判断を示してくれるからではなく、それがお客様のためになるという「営業マンの意識」が理解されるからです。

お客様との間の緊張感を和らげ、距離感を縮めるのは、3つのうち圧倒的に「共感性」です。「客観性」と「中立性」は、自分だけの力でどこまでも論理的につきつめられますが、「共感性」＝お客様との一体感は、「洞察力と聞く力」を現場で訓練し続けていくことで磨かれていきます。

おわりに

「営業の仕事は嫌い、営業という仕事はもう辞めたい」

「自分は営業マンに向いていない」

そんなふうに思ったり悩んだりしている若者や営業経験者を、私は数千人は見てきたと思います。

でも……。

繰り返し述べてきましたが、私は営業マンに向いていない人なんて、この世に1人もいないと思っています。

営業マンという仕事は世界で一番「努力でどうにかなる仕事」だということを、私は立証してきたし、これからもそのことを立証するために、後進とのかかわりをもち続けようと考えています。

野球選手をはじめとするプロスポーツ選手や、名門大学の教授や学者、医師や弁護士や公認会計士などは、生まれたときからの体格や体型、IQなど遺伝子レベルの資質に左右されるところが大きく、ふつうの人が努力するだけではその仕事に就くこと自体、難しいかもしれません。

しかし、営業という仕事は、スタートするときはすべての人が平等、公平で、そこから多種多様にわたる努力をしなければなりませんが、その努力さえ惜しまなければ、どんなに学歴が低い人でも、コミュニケーション下手な人でも、業界知識がなくても、業界トップの営業マンに登り詰めることは可能なのです。


ここで最後に少し、私自身のことを紹介させていただきたいと思います。

私は北海道札幌市でサラリーマンの父、専業主婦の母のもとに生まれ、小学生までは少々過保護気味の一人っ子として育てられました。

中学入学時に父は会社を辞め、当時流行っていた脱サラブームに乗じて中華料理屋を起業しました。その後、コンビニエンスストアを経営するなど精力的に仕事をする父でした。家族はそれに巻き込まれて、私は中華料理屋では岡持を持って出前をし、コンビニエンスストアでは店員としてアルバイトをしました。

父がコンビニエンスストアを開業した年、私は高校1年生で、店内のバックヤードやレジカウンターで勉強するような毎日でした。父は「大学へは自分の金で進学しろ」という昭和初期のような考えをもっている人で、私はそのつもりで準備をしていました。

経営者として、営業マンとして何があっても「絶対になんとかなる」とか「努力でどうにでもなる」と思えるようになったのは、父のもと、働くことを経験したこの時期に醸成されたメンタリティのおかげかもしれません。

その後、大学に進学し、イベント企画系のインカレ（複数大学の学生で構成されるサークル）に所属、それと別にイベントサークルを設立し、勉強などろくにせずイベント企画に明け暮れる毎日を過ごしました。

大学は中退することになりますが、この時期に大切なことを学びました。「人としてきちんとすること」ができないと、事業は継続しないということです。

いい加減にイベントを企画して学生からお金を貪る団体もあれば、本当に心から楽しんでもらう企画を考える団体もあって、当然ながら前者はすぐに消え、後者は続いていく。そんな現実を目の当たりにしました。いい加減な団体にはいい加減な人がいて、お客様のことや協力者のことを真剣に考える団体にはすばらしい人がいることもこの時期に教えられました。

そしてこのころ、貴重な出会いがありました。30年以上、人生の先輩として尊敬し続け、おつきあいをいただいているある人と出会ったのです。同じインカレでイベント企画の仕事をし、先輩は今日までその仕事を続けられ、コツコツと新規顧客開拓を続けて経営者として会社を成長させ、成功を手にされています。

出会った当時、私もですが、その先輩も営業が得意なタイプではなかったと思います。たいへん僭越ながら、人としての魅力、年齢を重ねるとともに醸成されていく自己管理能力、お客様や現場の人たちを思う気持ちが、自ずと先輩をその位置に導いていったと私は確信しています。営業という仕事を通じて人間力を上げていかれたのだと思います。「人として当たり前のことをする」ということを地道に続けて成功された、私にとってのお手本です。

自分もそんな人間になりたい、営業マン、経営者である前に1人の人としてきちんと生きるということを継続し、それをベースに仕事を充実させたいと願い、日々仕事をしてきました。

「人として当たり前のことをする」ということを地道に継続すること、自己管理能力を上げ続けていくこと。保険の世界に入ってから出会ったトップ営業マンの方たちは個性的な人も多かったですが、この2つを大事にしているという点では、みなさん共通していました。

私がこの本を通してお伝えしたかったことは山ほどあります。

そのなかで、いまこの文章を書いていて強く思うことは、この本を読んでくださった方だけでも、「営業」という仕事を通して人間力を手に入れ、きちんとした1人の人になっていっていただきたいということ。そして、繰り返しお伝えしてきたように、営業という仕事においてはどんな人にもチャンスがあるということです。

ここまで読んでくださったみなさん、ぜひ営業の仕事を「人間力を手に入れる鍛錬の場」として活用し、とてつもない人間力を手に入れてください。それが営業マンとして成功するための、一番の早道ですから。

2019年10月

過去と他人は変えられないが、自分と未来は変えられる

一戸 敏

謝辞

この本を制作するにあたり、多数の方からヒントを得て、多数の方のご支援をいただきました。本当にありがとうございました。心より感謝申し上げます。

保険業界に24年間身を置いて、保険会社の方だけではなく、同業他社の諸先輩にもいろいろな知識や経験を授けていただいたからこそ、いまこのような本を書かせていただけるようになったと痛感しています。

加えて私にとって大きな存在は、同年代の経営者仲間のみなさんです。日々のおつきあいからいただく上質のインプットが、私自身の上質のアウトプットにつながっていると心から思います。この経営者の友人たちがいなかったら、経営者として、営業マンとして、もっと幼稚で自己管理能力が低い人間になってしまっていたかもしれません。上質の仲間、上質の時間、上質の会話が私を引き上げてくれているのだと思いますし、感謝の気持ちしかありません。

また、こんな私が経営するエージェントグループで働いてくれているみんなには格別の感謝を表わさなければなりません。本当にいつもありがとうございます。

自分の人生のなかで、あと何冊の本を著し、どれだけのことを世の人々に伝えられるかわかりませんが、もしまたそのチャンスがあるなら、そのときも営業マンという仕事の楽しさやすばらしさを伝えるものにしたいと思います。

楽しいことは共有し、辛いことは自己完結しろと、よく父が言っていました。私もそんな経営者、営業マン、そして1人の人間でありたいと思います。

最後までおつきあいいただき、本当にありがとうございました。

そして最後の最後に……。

いま営業マンを辞めたいと思い、迷っている人へ。

営業マンなんて、辛いことばかりかもしれません。でも楽しいことばかり、でもあります。続けることが地獄、辞めることが天国なのではなく、続けることで天国にたどり着ける、辞めることで天国にはたどり着けないのが営業です。

「当たり前のことを当たり前にやる」「自己管理能力を上げる」「人間として素直に生きる」――。日本の営業マンのみなさんが、日々、そうして過ごされることを切望して、筆をおきます。

日々の行動チェックシート⑤

責任をもつ	無責任な発言をしないために、思いつきで発言するのではなく、発言をする前に、発言する内容を一度頭の中で整理してから発言する	□
	ミスをしないように、二重チェックする等、方法を工夫し実行する	□
	自分が公言したこと（提案・タスク・依頼事項等）を忘れないよう、メモをとり、常日頃から目で確認できるようにし、意識して最後までやり遂げる	□
	自分の責任を果たせなかったとき、環境や他人のせいにせず、なぜ自分が責任を果たせなかったのか振り返る	□
	目標から逆算して計画を立てる	□
	目標達成のための計画表を作成し、進捗状況を常に確認し、必要に応じて、目標に対する計画・方法を修正する	□
	目標と目標達成のための計画を、上司や仲間に伝え、共有する	□
	目標を常に意識するために、見えるところ（日報、手帳、机の前等）に掲示する	□
	目標計画の期限には、目標を達成したか（達成度）の確認をする	□
	目標を達成した場合も達成できなかった場合も、その結果をもたらしたプロセスを振り返り、よかった点・反省点を検証し、次の目標設定に役立てる	□
感謝する	自分を育ててくれたこと、先輩や上司に指導してもらったこと、仲間や友人に助けてもらったこと等、いままでお世話になったことを、常日頃から振り返る	□
	相手に不満の気持ちを抱いたときや、忙しいときこそ、ぞんざいな態度はとらず、ふだんの感謝の気持ちを思い出す	□
	お世話になった人へ、何か相手の役に立てることはないか考え、感謝の気持ちを具体的に行動に表わす	□
	当たり前のように助けてもらっていることでも、その都度、感謝の気持ちをもつ	□
	感謝の気持ちを抱いたら、その気持ちを自分の中に溜めず、素直に言葉にする	□
	感謝の気持ちは、すぐに伝える	□
	笑顔で相手の目を見て、感謝の気持ちを伝える	□
	「ありがとう」に、「○○さん、いつも○○してくれてありがとう」と、相手の名前や目的語を添える	□
	感謝の気持ちがより相手に伝わるような表現方法（口頭・メール・お礼状）を工夫する	□
	家族や友人に会ったとき・年末年始・お祝いごとのとき等は、感謝を伝えるチャンスと思い、伝える	□

日々の行動チェックシート④

チームワークを大切にする	仲間の状況(夢・目標・悩み・健康状態・心情等)を把握するために、声をかけたり、食事に誘う等して、日々のコミュニケーションをとる	□
	仲間が困っていそうなときは、「何か手伝えることはありませんか?」と声をかけ、一緒に取り組む	□
	チームや仲間の成果・お祝いごと等を、一緒に共有して喜ぶ	□
	チームの課題・目標・進捗状況を、掲示する等して常に意識し、自分のやるべきことを考える	□
	自分のやるべきことを考えたら、チームの仲間と共有するために、仲間に宣言する	□
	自分が何をするべきか迷ったときは、チームのリーダーや仲間に相談する	□
	みんなが避けるようなことを率先して自分の役割と考えたり、自分の役割に+α(アルファ)して何ができるか考える	□
	仲間のモチベーションを上げるために、仲間に積極的に声をかけたり、目標達成のイメージを話す	□
	仲間の行動で、改善したほうがチームのためになることがあれば、積極的に伝える	□
	自分がどのような動きをしたら、チームの仲間が効果的に成果を出せるか考え、行動する	□
他人軸になる	相手の立場を理解するために、相手の状況(夢・目標・悩み・健康状態・心情・経緯・現状等)を察するよう、常日頃からコミュニケーションをとる	□
	相手とコミュニケーションをとるときは、相手がコミュニケーションをとれる状況やタイミングにあるかどうか、気をつける	□
	相談を受けたときには、相手が何を実現したいのか考えながら話を聴き、自分が受け止めた相手の状況を相手に伝え、正しいか確認しながら解決策を考える	□
	自分の考えをまとめ、「相手にとってどうか?」「全体的にとらえてどうか?」というように多面的に考えたうえで、相手に伝える	□
	相手がどんなことに興味があるか意識するために、常日頃からコミュニケーションをとる	□
	常日頃から、自分の気持ちをオープンにして、相手が話しかけやすい状態をつくる	□
	相手に安心感をもってもらえるように、相手の話の内容(嬉しいこと・悲しいこと等)に応じた表情で頷き、相槌を打ちながら聴く	□
	自分の発言は30%以下に抑える	□
	相手の話の腰を折らず、遮らず、相手の話を最後まで聴く	□
	相手の潜在的な思い・考えまで引き出し、正しく理解するために、曖昧で抽象的な表現について具体的に質問する	□

「選ばれる営業マン」になる

日々の行動チェックシート③

ポジティブになる	笑顔で大きな声で挨拶する	□
	鏡の前で笑顔の練習をする	□
	目の前に鏡を置いたり、鏡を携帯したり、親しい人に自分が笑顔でいたか教えてもらう等して、常日頃から自分の笑顔をチェックする	□
	ネガティブな(周りの人が不快に思うような)言葉を発しない	□
	毎日目標をもち、それを達成していくことで、成功体験を積み重ねていく	□
	よい影響をたくさん受けるために、ポジティブな人と積極的にコミュニケーションをとる	□
	「こうなったらいいな」と成功した姿、よい結果を思い浮かべ、「そうするにはどうしたらいいか」を考える	□
	長所も短所も言い合える関係をつくり、本人に伝える	□
	１日を振り返ったとき、その日に接した人の長所を思い浮かべる	□
	相手が愚痴・陰口を言ってきても乗らない	□
改革する	目についた「問題」を見て見ぬフリをせず、どうすればよくなるかを「課題」としてとらえる	□
	目についた「問題」だけではなく、長期的な視野(経営理念の実現・チームの長期的な目標等)で、「課題」を見つける	□
	現状に満足せず、「課題」を見つけ、いまのやり方に少しでも工夫を加える	□
	改善改革に対する想いや計画を明確な言葉にして、常に伝えられるようにする	□
	「課題」を見つけたら、どうすればよくなるかの方法と、活用すべき資源(人の協力や物の力等)を考え、周りに発信提案し自ら率先して取り組む	□
	挨拶や会話をするときには、受身にならず、自分から話しかける	□
	積極的に発言できるように下調べをしたり、自分の中で考えをまとめておく	□
	行動ステップとスケジュールを考えて、いまできることからすぐ始めていく	□
	たとえ自分の考えが少数派だったとしても、その考えにいたった経緯・理由を相手にしっかり伝える	□
	自分の発言したことが受け入れられなかった場合は、その理由を相手に確認し、自分でも原因を考え、次に活かす	□

「選ばれる営業マン」になる

日々の行動チェックシート②

情熱をもつ	周りの人に「自分の仕事が好きだ」と言えるくらい、１つひとつの仕事にやりがいをもって取り組む	□
	自分の興味や情報の量を増やし、情熱をもつきっかけをつくる	□
	仕事に対するモチベーションの源（夢、経営理念、達成感、貢献、成長、新しいことへのチャレンジ等）を考える	□
	自分の仕事の意義を考え、自分の仕事が及ぼすよい影響をイメージし、ワクワクしながら仕事をする	□
	経営理念（＊お客様の利益創出に最善を尽くす）を、自分の言葉で人に伝えることができるくらい考える　＊株式会社エージェントの場合	□
	自分が実現したい夢を明確にもち、自分の行動がその夢の実現に向かっているものか、日々振り返る	□
	壁にぶつかったら、仕事を始めたときの志を振り返り、あきらめずに１つひとつ乗り越え、成功するまでやり続ける	□
	自分の夢に対する想い・仕事への意欲・成功体験・情報等を、仲間・友人・家族等と共有し、刺激を与え合い、情熱の量を増やしていく	□
	１つひとつの小さな業務にも、達成感を実感する	□
	モチベーションを維持できるよう、常日頃から体調管理をし、心身ともに万全な状態を保つ	□
チャレンジする	前向きな思考をもつために、夢や成長した自分をイメージする	□
	まずは自分自身で、どのようにしたらできるのか、方法を考える	□
	自分が「できない」と考えている理由（足りない能力・苦手と思っていること・過去の失敗等）を認識し、１つずつ克服する	□
	自分１人の力ではできない場合、あきらめずに、活用できる資源（人の協力や物の力等）を使う	□
	失敗しても、トライした努力を認め、トライする精神をもち続ける	□
	机の上で勉強する時間・読書・交流会やセミナーに参加する等、情報を得る機会や、新しい体験をする機会を積極的に自分でつくる	□
	自分の能力でできることより、高い目標を考える	□
	自分の「めざす姿」をもち、目に見えるところに掲示する等して、日々意識する	□
	身近な出来事やニュースを、「なぜこうなったのだろう」と好奇心をもってとらえ、「なぜ？」と思ったことはすぐ調べる	□
	日常の出来事や情報のなかから、「めざす姿」に関連のある情報を探す	□

日々の行動チェックシート①

守る	約束をする際は、約束の内容に間違いがないよう復唱して期限を設定し、相手に確認する	□
	自分が結んだ約束（相手・内容・期限）を忘れないように、メモしたり、手帳に記入する等して、形に残す	□
	１つひとつの約束を常日頃から確認し、約束の期限には、自分が守れたか確認する	□
	約束の時間や期限にギリギリにならないように、余裕をもって行動する	□
	約束を守れないことがわかったら、できるだけ早く事前に相手に伝え、最善の策を立てる	□
	守るべき法律・規則の背景・目的・内容を勉強する	□
	新しいことに取り組むときや、ルールの変更があったときは、事前に関連する法律・規則を（マニュアル等も）確認し、勉強する	□
	自分や自分のチームが守るべき法律・規則を掲示・携帯したり、仲間と注意し合う等して、常に意識する	□
	抜け道（法律・規則の不備をつくようなこと）、自分への甘え（気の緩み）、言い訳（今回はこういう理由だから仕方ない）を考えない	□
	周りの人が規則に反していたとしても、一緒に反することはせず、自分は守る	□
素直になる	どんな相手でも「我以外皆我師なり」という気持ちで接して、真剣に話を聴く	□
	相手が話をする前から、「この人はこのような考えをもっている人だ」と決めつけず、相手の言葉をそのまま聴く	□
	意見を言ってもらえることは自分の財産だと思い、意見を言ってくれる人に感謝する	□
	人が話をしているときは、「ハイハイ」と受け流したり、拒否したりせず、最後まで聴く	□
	相手の意見が納得できないと思っても、まず相手の意見をしっかり聴き、その意見について考える	□
	自分の「ルール」で考えず、社会や組織のルールに照らし合わせて自分の行動を振り返り、どの部分が間違っていたか考える	□
	なぜその誤りにいたったのか、原因を考える	□
	言い訳（～だったからできなかった）をしたり他人のせい（○○さんがやってくれなかった）にせず、反省する	□
	誤りを指摘する側のほうが、辛く大変な立場だと考え、誤りを指摘されたら感謝する	□
	自分の誤りに気がついたら、正直に自ら言い、迷惑をかけた人に反省の気持ちをきちんと伝える	□

一戸　敏　(いちのへ　さとし)
1968年北海道札幌市生まれ。株式会社エージェント代表取締役兼CEOエージェントグループ代表。明治大学商学部中退後、会計事務所で６年間の勤務経験を経て、97年、株式会社エージェント（創業時名・有限会社サンインシュアランスデザイン）を設立。保険営業経験ゼロから１年で東京海上日動コンベンション表彰制度に入賞。その後、当時史上最年少、最速でスーパーエクセレント代理店に到達。数々の営業記録を塗り替え、「生損保二冠王」の異名を取った。また生命保険販売募集人の世界統一基準MDRTの成績資格終身会員の称号を、現在19年連続で取得更新中（Top of Table ２回取得、Court of Table 12回取得）。保険代理店としても、一営業マンとしても毎年多数の保険会社から営業成績におけるさまざまな表彰を受賞している。
経営者としても株式会社エージェントをグループ全体で従業員360人、日本と米国に26拠点の規模にまで成長させている。保険のみならず生活に関わるさまざまな事業を展開、お客様の利益創出に最善を尽くすべくその活躍の場を広げ続けている。著書に『凡人が天才に勝つ！「逆転」営業術』（PHP研究所）、『売れる営業に変わる１日習慣チェックノート』（日本能率協会マネジメントセンター）がある。

株式会社エージェント
【URL】https://www.a-gent.co.jp

あの営業《えいぎょう》マンが選《えら》ばれる「本当《ほんとう》の理由《りゆう》」

2019年10月20日　初 版 発 行
2020年２月１日　第２刷発行

著　者　一戸　敏　©S.Ichinohe 2019
発行者　杉本淳一

発行所　株式会社日本実業出版社　東京都新宿区市谷本村町３－29 〒162-0845
大阪市北区西天満６－８－１ 〒530-0047
編集部　☎03-3268-5651
営業部　☎03-3268-5161　振　替　00170-1-25349
https://www.njg.co.jp/

印 刷／理 想 社　　製 本／若林製本

この本の内容についてのお問合せは、書面かFAX（03－3268－0832）にてお願い致します。
落丁・乱丁本は、送料小社負担にて、お取り替え致します。

ISBN 978-4-534-05733-4　Printed in JAPAN